EPISTOLA AD JOANNEM MILLIUM

The year 1962 marks the tercentenary of the birth of Richard Bentley (1662-1742), Master of Trinity College, Cambridge, editor of *Paradise Lost*, but principally and justly famous as one of the greatest of classical scholars. To mark the event, the University of Toronto Press is issuing a special reprint of Alexander Dyce's edition of the *Epistola* (1691), the work which first brought Bentley fame, and which has long been out of print.

This Latin exercise was called forth by one of those unhappy productions which, mediocre themselves, have had the ill luck to attract the inspection of genius. In the eighth or ninth century A.D., Joannes Malelas of Antioch, a Greek writer, attempted a chronological record of mankind and in it he had recourse to name or quotation from classical works no longer extant. English scholars in the seventeenth century prepared a translation of the chronicle into Latin and an accompanying commentary; just before its publication, under the final editorship of John Mill, Bentley was given an opportunity to read proof-sheets and the result was the *Epistola*, a collection mainly of some twenty-five notes upon statements found in or topics suggested by Malelas. This extraordinary performance by a scholar of 29 moves from one topic to another over a wide range of ancient literature, explaining or correcting some sixty Greek and Latin authors. The notes are not so much a commentary on the old chronicler as a set of dazzling dissertations pegged upon a random set of appalling howlers, and they reveal prodigious information and gift of divination. Bentley's style in Latin is clear and spirited and seasoned with choice quotation. The *Epistola* immediately secured for its writer the fame reserved for men of the rarest excellence and this classic among academic productions is still charged with power to instruct and inspire the, scholarship of another era.

G. P. GOOLD , Associate Professor of Latin in University College, University of Toronto, contributes an illuminating introductory essay on the nature and significance of the *Epistola*.

RICHARDUS BENTLEIUS
ÆT: XLVIII. MDCCX.

I. Thornhill pinxit.   Geo: Vertue

EPISTOLA
AD
JOANNEM MILLIUM

RICHARD BENTLEY

Reprinted from the edition of the
REV. ALEXANDER DYCE
together with an introduction by
G. P. GOOLD

University of Toronto Press 1962

© UNIVERSITY OF TORONTO PRESS 1962
Reprinted in paperback 2014
ISBN 978-1-4426-5182-1 (paper)

PREFACE

IN THIS YEAR OF 1962 falls the tercentenary anniversary of
the birth of Richard Bentley, the greatest of classical
scholars. At its meeting in Leeds in April the British Classical Association celebrated the occasion with a series of
lectures on Bentley and an exhibition of Bentleiana. And,
since genius is the common pride of all men, other com-
memorations have been held the world over.

On the 26th of January, the eve of Bentley's birthday, I
had the honour of delivering a commemorative address in
University College, Toronto. Among the audience on that
day were descendants of Frederick Cumberland, the archi-
tect of University College, himself a great-great-grandson
of Richard Bentley. What was virtually the same address
was later given at Harvard University, and will appear in
the 1963 volume of *Harvard Studies in Classical Philology*.

Since Bentley's works have long been out of print and yet
are still much prized and sought after by the learned, the
University of Toronto Press herewith reprints, as a more
substantial commemoration of Bentley, the *Epistola ad
Joannem Millium*, the production which not only marked
its author's brilliant début but also inaugurated the great
age of English classical scholarship. To this I have prefixed
an introduction, designed to include the circumstances under
which the Letter was written and a brief guide to its diverse
contents. I have purposely abstained from giving a full
biography. This deserves a book to itself, and since Monk's
Life and Jebb's monograph are no longer in print, I have
begun work on a volume which I hope will go some way to
repair the deficiency.

PREFACE

The text of the *Epistola ad Joannem Millium* here printed is a photographic copy of pages 239–368 of the second volume of "The Works of Richard Bentley, D.D., collected and edited by the Reverend Alexander Dyce," which was published in London, 1836, by Francis Macpherson of Middle Row, Holborn.

Since this commemorative edition would clearly be incomplete without a portrait of Bentley, the engraving by Vertue (from Thornhill's painting) has been reproduced as a frontispiece from Bentley's Manilius. It is recorded that, on seeing this print hanging in a college room, Bentley's barber said: "It is as like him as if he was speaking to you!"

I am very grateful to the University of Toronto Press for undertaking the reprinting of the *Epistola ad Joannem Millium*; and to Miss Francess Halpenny, its Editor, and to my colleagues Professors L. E. Woodbury and A. Dalzell, for their encouragement and their aid.

G.P.G.

University College, Toronto
1 June 1962

INTRODUCTION

THE *Epistola ad Joannem Millium* was called forth by one
of those unhappy productions which, mediocre themselves,
have had the ill luck to attract the inspection of genius.
Mediocrity has strong claims upon the forgetfulness of
posterity, and Joannes Malelas of Antioch suffers beyond
his deserts in being immortalized by the greatest of scholars.
Living during the eighth or ninth century of our era, he was
one of several Greek writers to attempt a chronological
record of mankind, beginning with Adam and ending with
the reigning emperor. Malelas's work narrowly missed an
uneventful passage into the land of oblivion, for the sole
surviving manuscript, one of Bodley's treasures, has lost the
initial and the final quires: the extant portion commences
with the death of Hephaestus and Helius's reign of 4407
days over the Egyptians; after a fascinating struggle to
combine mythology and reality, the author reaches historical times, which are rapidly traversed until the age of
the Christian emperors, when the chronicle is enriched with
an increase of detail, though not of accuracy; it breaks off
five years before the death of Justinian.

However, it occasionally happens that during some tem-
porary failure of his imagination Malelas has recourse to
naming or quoting from classical works no longer extant.
Encouraged by the prospect of retrieving some such jewels
from the rubbish heap, ardent chronologers of the seventeenth century had clamoured for an edition. This was
undertaken in the reign of Charles I by John Gregory, an
Oxonian of learning: he it was who identified Malelas as the
author by recognizing in a later Byzantine work an excerpt

[7]

attributed to him by name. Gregory died in 1646, and the project devolved upon Edmund Chilmead of Christ Church, who translated the chronicle into Latin and equipped it with a commentary. The work was all but ready for printing, when Chilmead's lucubrations were disastrously terminated by the impact of the Civil War. On the Parliamentary Visitation of 1648 he was expelled from . the university as a royalist, though being happily a musician of parts he managed to procure bread by playing at a weekly concert till his death a few years later. Chilmead's manuscript lay on the shelf for several decades, until in 1690 the Curators of the Sheldonian Press decided that the time for publication had arrived. Dr. John Mill, Principal of St. Edmund's Hall, was entrusted with a general responsibility for the edition, and Humphrey Hody, a chaplain to the Bishop of Worcester, Edward Stillingfleet, was commissioned to contribute a preface.

So it befell that Mill was one day at Oxford promenading with his young friend, Richard Bentley (who was another chaplain of Stillingfleet's and tutor to Stillingfleet's son), and presently their earnest conversation turned to the book in the press. On Bentley's expression of eager interest, Mill agreed to favour him with a sight of the proof-sheets before publication, but exacted from the other a promise to communicate any emendations which occurred to him, a promise upon which Mill later insisted, after a perusal of the Antiochene's composition had induced in Bentley a keen repentance of his impetuous curiosity.

We shall not be rash in supposing that Bentley had earlier deeply impressed several influential members of Stillingfleet's circle of friends, and that some of these were anxious, if not impatient, for the young cleric to exhibit his powers before a wider public. One of these admirers was William Lloyd, Bishop of Lichfield, who joined to a zeal for Bentley's advancement the further recommendation of a learning, particularly in chronological studies, which gained the respect of Bentley himself. Lloyd is said to have been the person principally responsible for Bentley's proposal to edit a corpus of the Greek lexicographers; destined for translation to Worcester on Stillingfleet's death in 1699, he was one of the original members of the royal commission which was appointed in 1696 to suggest suitable persons to fill vacant bishoprics and other stations in the Church and such headships and professorships at the two universities as lay in the gift of the crown, and which met in 1699 to nominate a new Master of Trinity College, Cambridge. It was this prelate who now effectually supported Mill's insistence: eight years later, when Bentley could still boast that he had written nothing save at the instigation of others, he reveals in the preface to his enlarged Dissertation upon Phalaris: "My Epistle about Jo. Antiochensis was desired by the Right Reverend the Bishop of Lichfield."

Bentley's *Epistola* is a collection of some twenty-five notes upon statements found in or topics suggested by Malelas, together with an appendix of afterthoughts. Bentley repeats at the head of each note the sentence of Malelas he is commenting upon, and the anxious reader may here rest assured that this is all the Malelas he will need for a complete enjoyment of the *Epistola*. The notes are not so much a commentary on the old chronicler as a set of dazzling dissertations pegged upon a random set of appalling howlers. A natural consequence, however, is that the notes, being of a highly varied nature and length, are not at a glance easily separated and recognized for what they are. This is a defect of typography rather than of composition. However, for smooth reading and easy reference an enumeration of the principal divisions of the work is called for.

The *Epistola* falls readily into eight sections.

Section 1 (to page 254). After a few personal remarks addressed to Mill, Bentley embarks (page 242, middle) upon the first specimen of his brilliance. In assigning Orpheus of Thrace to the era of Gideon of Israel, Malelas had penned the puzzling sentence: "Hearing his name from an oracle, Orpheus had declared, 'No one is to reveal the affairs of *Ericepeo*,' which means in the vernacular Counsel,

[9]

Light, Life-giver." With a mock expression of fear lest he incur punishment for divulging these Orphic mysteries, Bentley emends the sentence (the adroitness of the emendation will be apparent from a glance at the Greek): "Hearing his name from an oracle, Orpheus had declared it to be *Metis, Phanes, Ericepaeus,* etc." These names he proves correct by quoting a passage from the *First Principles* of the Neo-platonist Damascius. What is astonishing is that this work of Damascius was not printed until over a hundred years later: Bentley quotes from a manuscript in the library of Corpus Christi College, Oxford. But Bentley soon robs us of the faculty of being astonished: Damascius's text is corrected from Proclus (quoted directly from a manuscript), who is adduced in support of the names *Phanes* and *Metis.* He will forbear to quote from Athenagoras, Macrobius, the *Orphic Hymns,* and Proclus on the *Timaeus,* he tells us, in case we assume he is deriving his knowledge at second-hand from the collections of Leopardus or Theodor Canter. Unable to form a satisfactory theory about the etymology of *Ericepaeus,* he gathers a number of Orphic passages which Malelas had corrupted; he is led into quoting from an anonymous chronicle some Orphic verses, which by Malelas, Suidas, Cedrenus and others are attributed to Hermes Trismegistus. Finally (page 248, middle) he observes that the fictitious oracles presented in diverse places by Malelas have been on that worthy's own admission "altered out of their verse-form into the common dialect": a striking resemblance to these oracles is borne by passages in an Oxford manuscript containing "Oracles and Theologies of Greek Philosophers": these passages are then transcribed and corrected.

Section 2 (pages 254, bottom to 258). Wondering where next to turn, Bentley represents himself as being appealed to by Sophocles, who has received rough treatment at the hands of Malelas. The latter's proficiency in Sophoclean studies being at once revealed as nil, Bentley turns after a few sotto-voce remarks to the verses quoted from Sophocles, which after the handiwork of Malelas require as many emendations as there are lines. Without fuss they are corrected from other authors in whom they occur: Justin, Clement, Eusebius, Theodorit, and Athenagoras.

Now the substance of the verses is an affirmation of the oneness of God and a denunciation of idolatry. Strange utterance for Sophocles. And stranger still that this passage from tragedy, so well known to the Fathers, should have entirely escaped the notice of those authors who are our main source of tragic fragments. Fancy Plutarch and Porphyry missing it! And how came you to overlook it, Stobaeus? Bentley takes a closer look at the patristic sources, discovers that the ultimate authority for the verses is a person claiming the name of Hecataeus, and closes with compelling reasons why the verses cannot have been written by Sophocles.

Section 3 (pages 258 to 297). Sophocles had been unlucky to secure the attention of Malelas. But he had, after all, been noticed once only, and is fortunate by comparison with Euripides, who has to pay a heavy penalty for his popularity. This, the longest portion of the *Epistola*, is devoted to those passages of Malelas in which Euripides is quoted or mentioned. In the first ten pages of this section Bentley identifies references to the *Danaë*, *Bacchae*, *Antiope*, *Phoenissae* (or possibly the *Oedipus*), *Alcmaeon* (he correctly guesses that there were two plays of this name), and *Stheneboea*.

We now reach what is perhaps the most important note in the work (pages 269 to 280). Malelas says: "Euripides brought out a drama about Pasiphaë." On this the young scholar boldly declares: "I do not speak without weighing my words, but I am positive that no ancient authority now extant refers to a *Pasiphaë* of Euripides." Hesychius does indeed quote from a *Pasiphaë*, but this is probably the play of Alcaeus listed in the didascalia to the *Plutus*. Euripides did write a play about Pasiphaë, but its title was the *Cretans*, as is shown by the scholiast on the *Frogs*. Do not misunderstand me, he continues, I do not mean the *Cretan Women* mentioned by Athenaeus, Stobaeus, and others: the

[11]

chief characters of the *Cretan Women* are Aërope, Atreus, and Thyestes, as is proved by the scholiast on the *Wasps*; and the scene was set in Argos. Consider now Porphyry's quotation of an anapaestic passage of Euripides, in which the chorus are addressing Minos: Grotius, observing that Erotian states that the same passage occurs ἐν Κλεισί, had identified the play as the *Cretan Women* (i.e. ἐν Κρήσσαις). But, says Bentley, the scene is set in Crete: it must therefore refer to the *Cretans*, and the words must be emended as ἐν Κρησί (a slight correction). There follows a discussion of the Greek verses; here as often in this part of the *Epistola* the illustrious Grotius (who had edited many of these fragments in his *Excerpta*) is corrected; with decorous, if implausible, modesty Bentley acknowledges him to be "a scholar far, far beyond my power to equal or excel" (page 271).

Grotius had rendered the passage into Latin verses of the same metre, but in common with Scaliger and other metrical experts had ignored a feature of anapaestic systems, knowledge of which had perished in the Middle Ages: these authorities had fancied that the last syllable of an anapaestic line, like the last syllable of a hexameter, could be long or short at the composer's discretion. Bentley now enunciates the law that anapaestic systems are subject to synaphea; that is, the length of the last syllable in a line is determined exactly as though it occurred in the middle of the line and were immediately followed by the initial word of the next line. Only in catalectic lines (or paroemiacs, as they are often called), where utterance is brought to a pause, may the final syllable be optionally long or short. The rule is illustrated by a few examples from Roman tragedy, concluding with the restoration of an anapaestic fragment of Accius in the *Tusculans* which had not previously been recognized as verse. The validity of the rule, common knowledge today, has never since been questioned; the only adverse comment was passed by Richard Dawes, an outstanding grammarian and metrician, but a nasty-minded man, whose natural inclinations to jealousy were nourished by a full awareness of Bentley's genius; Dawes found the rule succinctly stated in Terentianus Maurus and would deny Bentley credit for the discovery (*Miscellanea Critica* [1745] 30).

But to return to the anapaests from the *Cretans*: the "oak" had been mentioned as "native" to Crete. Bentley proves that the word agreeing with "native" was "cypress," illustrating his emendation with citations from Plutarch, Nicander, and Virgil. Pliny the Elder is also appealed to, but difficulties in his text compel consideration of Theophrastus's *History of Plants*, which in turn sends Bentley to Solinus's *Collectanea*: obscure passages in these books are transformed into logic and lucidity. And here, excusing the shortcomings of previous editors with the comment "one man cannot see everything," he proceeds to Malelas's next mention of Euripides.

Two notes are evoked by mention in Malelas of the *Hippolytus* and the *Cyclops*, and then (page 284), apropos of the *Meleager*, which he knows from an entry in Hesychius, Bentley suddenly launches forth into a magisterial critique of the latter's lexicon.

Hesychius of Alexandria, who lived in the fifth or sixth century, has fortunately prefaced his work with a dedicatory epistle. We learn from this that many others had before his day compiled lexicons in alphabetical order. Apion and Apollonius had produced Homeric dictionaries, and Theon, Didymus, and others word-lists of comedy and tragedy. Diogenian had assembled their labours, together with glossaries of lyric, oratorical, and even medical and historical writers; and, with the further addition of a collection of saws and sayings which he felt unable to resist, he had brought out his poor man's lexicon, the *Periergopenetes*. Now, just as the grasping greed of misers and magnates is elevated in a lexicographer to a virtue of the highest order, so too any tendency towards satiety or discrimination is bound—professionally speaking—to appear as a vicious streak in his nature: accordingly, whilst commending Diogenian for the usefulness of his work, Hesychius is forced to assert that the practice of various economies had seriously detracted from the absolute quality of his performance. For his part, Hesychius has availed himself of the lexicons of Aristarchus, Apion, and Heliodorus; has added to these that of Diogenian, which constitutes the basis of his work; and has transcribed everything in his own hand with the strictest observance of the rules of orthography laid down by Herodian, omitting no word included by his predecessors and adding much which had escaped their observation. Should we endeavour to reconstruct the procedure of Hesychius, we shall realize that he never produced any such thing as a "fair copy" or perhaps even a "final copy": his manuscript will have abounded with interlinear and marginal additions, with erasures and corrections. And likewise the apographs made from it. These will not have been numerous, to judge from the number of abortive attempts at printed editions of Hesychius. Every successive copy of the work is likely to have differed appreciably from the examplar. Hesychius specifically announces that a source-reference will be appended to every entry, and although an enlightened critic will not expect the literal fulfilment of this reckless promise, the almost complete absence of these references countenances the belief that a vast number have been ruthlessly discarded by a Byzantine editor of Diogenianist proclivities.

The entry in Hesychius, from which Bentley had confirmed the existence of a *Meleager* of Euripides, well illustrates how a mistake, subsequently corrected, can lead to intrusive glosses making havoc of the text. The entry is emended, and confirmed by citation of similar corruptions. Bentley then examines an entry clearly marred by the same type of intrusion: ἐκλύτρισον·ἐκλύρισον, κάλυψον. The second word is deleted, Hesychius being held to have given it: ἐκλύτρισον·κάλυψον. This is confirmed by the alphabetical sequence of the preceding and succeeding entries, ἔκλυτος and ἐκλωπίζει. But, says Bentley, the entry is devoid of sense: logic demands ἐλύτρωσον·κάλυψον ("cover!"), proved out of Hesychius himself, who has several entries involving other forms of these identical stems, as ἐλύτροις·καλύμμασι ("with covers"). The truth is that in his haste to add to his compilation from sources not alphabetically arranged Hesychius has often been beguiled by the bad handwriting of other scribes into committing this and other blunders. He stands convicted by the alphabetical order. Other indisputable examples follow, as θολκάζει·χαλιναγωγεῖ ("leads by the bridle") for ὁλκάζει, which is found in its proper place with the identical gloss. At ἀριστῆραι·δοῦλαι Hesychius has mistaken Δ for Λ; the entry should be δριστῆραι, or δρηστῆραι, or rather δρήστειραι, as the manuscripts spell the word at *Odyssey* 19.345. Another appalling mis-division (of ἆρ' ἔσθορε *Iliad* 12.462) caused ἀρήσθορεν·ἐπήδησεν. A pretty example of Bentley's incisiveness is provided by κάλυψιν·κάλυκα ἀντιστρόφως: the last word, he tells us, is from a corrector who meant "vice-versa" and wished the words to be arranged in the reverse order (κάλυκα·κάλυψιν), having spotted that the entry occurs between Καλυδώνιον and κάλυκας. Bentley illustrates this type of corruption by producing a cogent parallel. However, continues Bentley, Hesychius gave κάλυξιν·κάλυκα, shown (*a*) by the order of the entries, and (*b*) by the fact that ζ and ξ are confounded in manuscripts a thousand times over, for Hesychius ought to have given κάλυξιν·κάλυκα, as he should have known from his own entry καλύξεις·ῥόδων καλύκια: a certain but unusual conjecture, restoring a howler to its author!

Here, rather from fear of exhausting his reader than from lack of material, Bentley stops, simply remarking that he could contribute some 5000 emendations to a new edition of the lexicographer. This was no idle boast. In a letter written in 1714 to the Old Testament lexicographer Biel, Bentley demonstrates that the sacred glosses in Hesychius are interpolations: ". . . I discovered this as a young man close on thirty years ago, when I enclosed all such supposititious entries in my copy in square brackets, and can consequently provide you with the information you desire from a mere glance through the pages." Evidence could be amassed to show that in his youth and indeed throughout his career,

Bentley was in the habit of entering conjectures and notes in the margins of his books. Many of these books survive (his Hesychius is in Trinity College, Cambridge), and have had their marginalia edited by diligent and appreciative scholars.

Before leaving the textual problems of Greek lexicography Bentley takes a look at a passage of Pollux, in which he retrieves six trimeters of Eubulus's *Gamblers*. Then, with an apology for having so long diverted his attention from the Antiochene, he passes on to the final play of Euripides touched on by him, the *Iphigenia in Tauris*, reproving the chronicler (page 293) with an entertaining display of banter for mixing up Aulis with Scythia and mistaking a genitive for an accusative. The section closes (page 297) with a backward glance at a statement of Malelas's which cannot be referred with certainty to a particular play, though it might well have been inspired by the *Cretans* or the *Phrixus*.

Section 4 (pages 297 to 304). "In the period following on the capture of Troy Themis achieved the greatest popularity among the Greeks, for he discovered the melodies of tragedy and was the first to produce dramas; and tragic choruses of dramas were afterwards composed by Minos, and after him by Auleas." On this unpromising material Bentley observes that Malelas has mentioned drama earlier; two passages are brought up for review and, largely to save the author's face (surely he cannot be as bad as this?), emended. Then, returning to Themis and his school, Bentley cites the very same nonsense from a scholiast's *Life of Aeschylus* (this providing the clue), and emends the names to Thespis, Ion, and Aeschylus. The restoration of Thespis's name involves citation from Suidas, Pollux (in whose text he brilliantly emends a verse of Sophocles which had trapped Casaubon, Meursius, and Gataker in a metrical blunder), the Arundel Marble, and finally the *Stromateis* of Clement of Alexandria. The last-named had quoted, as from Thespis, some anapaests containing what had previously been taken for three liturgical words of magical efficacy. Bentley exhibits his own prowess

as a magician by revealing that these are three words of a
set of four formed by re-arranging the twenty-four letters
of the Greek alphabet; two other anagrams of the alphabet
are quoted from Clement, and his interpretation of the
anapaests confirmed by a fragment of Porphyry's, which
he reproduces from an unedited Oxford manuscript.

Section 5 (pages 304 to 331). Enough to secure any
aspirant a Ph.D. *summa cum laude*, this disquisition is
presented to the reader as a sample of a now abandoned
project, an edition of the *Fragments of All Greek Poetry*
(Philosophic, Epic, Elegiac, Dramatic, and Lyric). Whether
or not Bentley had failed to estimate the full magnitude
of such an undertaking, or whether his curt *"sed haec
fuerunt"* (page 305) has more behind it, it is probable that
his stupendous energies had already been applied to the
venture, and that substantial progress had been achieved
in amassing those collections which he later employed to
enrich Graevius's *Callimachus* and to strike with devastat-
ing effect at the pretensions of Le Clerc's *Menander and
Philemon*: his collection of Callimachus's fragments was
described by Valckenaer as the most perfect work of its
kind, and his "extemporaneous" notes on Menander and
Philemon were such that, although produced anonymously,
the volume was sold out in three weeks, it being universally
agreed that one man alone of living scholars commanded
the genius it displayed.

Having in the previous note recovered the name of the
poet Ion (of Chios), Bentley proceeds to gather all that is
known of him. His dates are established, his identity distinguished from that of Plato's rhapsode, and the nature of
his writings, prose and verse, set forth, followed by the
titles of his plays. The whole exposition casually reveals
an intimate knowledge drawn from unedited manuscripts
as well as from printed books of such authors as Galen,
Harpocration, Photius, and Tzetzes, all of whom are
relieved of gross textual corruptions.

Section 6 (pages 331 to 342, top). This set of notes deals
largely with proper names that Malelas has deformed, and

ends with the remark that the Greeks had long given the same pronunciation to αι and ε, and to οι and υ (N.B.: On page 341, "quando *ṽ*" is a misprint for "quando *ẽ*"): the resulting spelling mistakes had led to innumerable corruptions; several examples hitherto uncorrected are cited from Plutarch and the lexicographers.

Section 7 (pages 342 to 355). At this point Bentley had intended to stop. However, though the chronicler's name had previously been given as *Malela,* Bentley had everywhere used the form *Malelas.* His authority for this innovation was, it seems, now challenged by his brother chaplain, Hody, who doubtless relished the prospect of enforcing a correction, however minor, upon his scintillating colleague.

Bentley reviews the evidence: the name occurs thrice in Greek, twice in the genitive case with the ending –*a,* and once in the nominative case with the ending –*as.* The Greek form, then, is *Malelas,* and we are reminded that the nominative of a masculine name hardly ever ends in –*a* in Greek (Latin names like Galba regularly becoming *Galbas*). This settled, he determines the Latinization of Greek names in –*as.*

In the earliest period, he admits, these names were adapted to the Latin declension and rendered –*a*: writers of the comic drama therefore have *Chaerea, Sosia,* etc. But the practice of keeping the Greek termination is attested very early. Examples are given from Cato the Elder (in Gellius), Claudius Quadrigarius (also in Gellius), and Lucilius (in Donatus: emended on metrical grounds). Do you suggest that the spelling has been regularized? Very well, turn to a passage in Pliny's *Natural History,* where the spelling (protected by the metre and explicitly attested as old) is unassailable. Now consider Quintilian's statement that "later writers instituted the practice of giving Greek endings to Greek names": this is confirmed in Lucretius, Varro (in spite of his passion for archaic language), and Cicero, from the last of whom we have *Archias, Gorgias, Phidias,* and many other such forms.

Quintilian has made a mistake in stating that Cicero gave

a form *Hermagora* (Bentley charitably suggests that Quintilian had a badly written manuscript): turn to the first book of the *De Inventione*, where the nominative occurs twice: all our manuscripts have *-as* in both places, and in each case an ugly hiatus would result from a spelling in *-a*. The correctness of *-as* is so transparent, says Bentley, "that I shouldn't believe Cicero himself if he told me otherwise." One agrees with Bentley that it is unnecessary to examine the evidence for the imperial period. But, mind, there is an exception to the rule. Slaves' names, and residents whose names were Latinized under frequency of usage, have a form in *-a*: hence *Phani A Appii libertus*, and the Horatian *credat Judaeus Apell A*. He digresses on Roman Jewry, and freedmen, and, as though we were not yet satisfied, presents us with a relevant list of freedmen's names compiled from ancient inscriptions. Analogy overwhelmingly dictates the Latinized form *Malelas*.

Hody somehow discovered that he had failed to breach Bentley's defences before the latter had parted with his manuscript, and he now renewed the assault from a different quarter (page 349): the occurrences of τοῦ Μαλέλα and τοῦ Μαλάλα in Constantine and Damascene were now adduced to show that the name, being foreign, might be indeclinable in Greek. Not without a touch of asperity Bentley completely demolishes Hody's changed position: Tzetzes specifically testifies to a nominative in —*s*, and besides, Greek practice is to draw foreign names into a regular declension. He proves this by an examination of Hunnish names (for example, Attila: *Attilas* is attested by Malelas himself; the Latin form is derived not from the Greek, but directly from the Hunnish). Admittedly, the translators of the Septuagint were content to transliterate Hebrew names; but this was because the content of the Old Testament was unrelated to anything Greek. When Hebrew names are brought into a Greek environment, they acquire inflections: in the Old Testament we find *Anania, Barachia, Iacob, Ioseph,* and *Saoul*; but when at a later period these names are borne by persons having dealings with Greeks, they

[19]

acquire inflections, becoming *Ananias, Barachias, Iacobos, Iosepos,* and *Saulos.* Bentley upholds his view with a survey of Arabic, Syriac, and Carthaginian names (*Amilcas* and *Annibas* for Hamilcar and Hannibal).

In the event Hody was not made happy by Bentley's successful defence of his innovation; but he had time to prefix to his prolegomena four large pages of close print opposing Bentley's position, ending—the last resort of the confuted—with a deprecation of arrogance and bitterness of spirit, and a pious prayer that he himself might not fall a prey to pedantry, clearly aiming to smear his adversary with these charges. Such tactics are by no means ineffective, and they were employed with some success by Bentley's opponents in the Phalaris controversy.

In spite of all, one is left in some doubt whether the correct spelling is *Mal*E*las* or *Mal*A*las* (the edition actually came out as *Historia Chronica Joannis Malalae*). Bentley admits (page 352) that the vocalization of the Syriac word (which means "eloquent") gives *Malolo* or *Malala,* and seems to suggest that Damascene, himself a Syrian, pedantically gave a Syrian spelling instead of a customary Greek *Malelas*: against this, it might reasonably be urged that little authority can be attributed to just two occurrences of the *–e–* form, especially as the chronologer was an Antiochene. Moreover, by employing himself the form *Malalas* in a letter (1695) to Perizonius and in his *Phalaris* (1699) Bentley appears to have changed his opinion about the middle vowel. In this introduction I have kept the *–e–* form, prepared to argue that, even if incorrect (as is *Virgil* instead of *Vergil*), it has through being so spelled by the Vosses, Usher (page 342), and Bentley now acquired the sanction of usage.

Section 8 (pages 356 to 365). The final section contains afterthoughts, extracted, we are given to understand, at the urgency of the printer, who with commendable recognition of his author was reluctant to leave unused any of the paper appropriated for the volume. Bentley makes haste to retract an earlier statement (page 255) referring to the

Oedipus Tyrannus, *Antigone*, and *Oedipus in Colono* as a trilogy: the separate dates of these plays are established, and the opportunity taken to correct a misinterpretation of Camerarius's. For the most part, however, these last pages provide supplementary information about topics already discussed, as when, to support his spelling of the name Malelas, he invokes Martianus Capella, and suitably rewards him with a palmary emendation of his text.

In keeping with the epistolary form of his opusculum Bentley ends on a personal note, acknowledging his friend's long labours on his forthcoming edition of the New Testament and expressing with warm encouragement his unqualified confidence of its success. He concludes by noticing a difficult passage in the *Epistle to the Galatians* (4, 25), which he emends with great sagacity, being herein followed by Mill (N.B.: On page 365 τῶν has dropped out at the end of line 15). Of Mill's epoch-making edition, for which the world was to wait another sixteen years, and of Bentley's own considerable efforts and designs in this field, the mention alone must here suffice, with a recommendation of Canon Adam Fox's *John Mill and Richard Bentley* (Blackwell, Oxford 1954). From the materials which Bentley left behind him, collected and edited by A. A. Ellis, *Bentleii Critica Sacra* (Cambridge 1862), it seems (page 108) that he subsequently abandoned his conjecture on the Pauline passage and returned to the reading supported by the strongest testimony (τὸ γὰρ Σινᾶ ὄρος etc.).

The scholarship of the *Epistola ad Joannem Millium* is such as to leave no doubt of the genius of its author: not merely does he show himself master of the most diverse sources of knowledge, and able without effort to assemble the far-flung fragments of this author or that, but he provides ample evidence that his reading has been attentive and critical, and that in assimilating a prodigious amount of information he has prodigiously digested it too, with the aid of an understanding and a gift of divination that have no parallel among classical scholars. It is this combination of encyclopaedic erudition and brilliant intellect which places

[21]

Bentley above such marvels of learning as Salmasius and Casaubon and such virtuosos of criticism as Porson and Housman.

Scaliger, who excites hardly less admiration than Bentley, confronts us with the aspect of a titan victoriously repelling on every side the multitudinous forces of ignorance; but it is a victory dearly bought with sweat and blood, which must be expended anew by the reader of the *De Emendatione Temporum*. By contrast, Bentley—one cannot but be reminded of Pope's epitaph on Newton—simply sheds light on darkness, and somehow contrives to raise, or at least to create the illusion of raising, the reader to his own eminence.

And let us not defraud Bentley of credit for a virtue which one may take for granted in a village schoolmaster but not in a university professor. All too often scholars of outstanding ability evince an intellectual arrogance towards their less gifted fellow-pilgrims, and reveal themselves as less eager to impart than to impress. Even so eminent and honourable a scholar as Lachmann, whose commentary on Lucretius is required reading for every aspiring Latinist, employs cryptic and oracular language, as if unwilling that his doctrine should become intelligible to the vulgar throng. From this defect, since defect it is, Bentley is completely free: impatient, contemptuous, and tyrannical as was his conduct in other circumstances, he unfailingly treats his reader as an equal, neither mystifying him with lofty obscurities nor insulting him with ostentatious patronage, but at all times admitting him to the inmost workings of his intellect.

The tone of the *Epistola*, as Jebb (*Richard Bentley* [1882] 16f.) says, showing a nice appreciation, "is often as if the ancient author was reading his composition aloud to Bentley, but making stupid mistakes through drowsiness or inattention. Bentley pulls him up short; remonstrates with him in a vein of good-humoured sarcasm; points out to him that he can scarcely mean *this*, but—as his own words elsewhere prove—must, no doubt, have meant *that*; and recommends him to think more of logic. Sometimes it is

the modern reader whom Bentley addresses, as if begging
him to be calm in the face of some tremendous blunder just
committed by the ancient author, who is intended to over-
hear the 'aside':—'Do not mind him; he does not really
mean it. He is like this sometimes, and makes us anxious;
but he has plenty of good sense, if one can only get at it.
Let us see what we can do for him.' "

Bentley's Latin, like his English, is brief and clear and
bold; direct, spirited, invigorating; simple with the sim-
plicity that is born of understanding, yet withal rich with
the richness endowed by knowledge. The language is highly
seasoned with choice quotation from Latin poetry, in which
Bentley was steeped; and for the reader there lies in store
the thrill of appreciative recognition of numerous tags,
ranging from Furius Bibaculus to Juvenal, which Dyce has
not spoiled with footnotes. Captious critics have occasionally attempted to fix a conviction upon Bentley's Latin,
after malicious research has gleefully uncovered a word or
turn of speech not favoured by Cicero—as if Winston
Churchill were exposed to censure for having recourse to ex-
pressions unknown to Shakespeare or Johnson! The growth
of ideas and hence of vocabulary advances in step with
the advance of time, and Cicero would have found many
strange things in the *Epistola*; but he would have recognized
the language as unmistakably his native tongue, fluent and
idiomatic, perhaps a shade too colloquial for his taste and
even lacking a trifle in elegance, but redolent throughout of
an authentic Roman.

Reaction to the *Epistola* was prompt and considerable.
Though in form it was merely an appendix to the tedious
work of a third-rate chronicler, the absurd old donkey of
Antioch, as De Quincey styles him, and though its author
was an unknown young man of twenty-nine, the quality of
its contents arrested the attention of the learned, not
merely in England but on the Continent as well. The
Epistola immediately secured for its writer the fame
reserved for men of the rarest excellence, and established
his authority as belonging to the highest rank. Graevius

and Spanheim, two of the most distinguished scholars of the day, forthwith addressed their salutations to the "new and brilliant star of Britain," and admitted him as a partner to their designs. Many years later, Ruhnken was to anticipate the verdict of posterity in describing the work as a "wonderful monument of genius and erudition, such as could only have come from the first critic of his age" (page 292, footnote c), whilst Wilamowitz in the last century and Housman in this have agreed in ruling that its publication inaugurated the great period of English scholarship.

Such is the *Epistola ad Joannem Millium*, a classic among academic productions, and still, in the tercentenary year of its composer's birth, charged with power to instruct and inspire the scholarship of another era.

RICHARDI BENTLEII

EPISTOLA

AD CL. V.

JOANNEM MILLIUM, S.T.P.

(Ad calcem librorum, quorum alter inscribitur *Joannis Antiocheni cognomento Malalæ Historia Chronica,* ed. Oxon. 1691., alter *Emendationes in Menandri et Philemonis Reliquias,* ed. Cant. 1713.)

CL. VIRO

JOANNI MILLIO, S. T. P.

RICHARDUS BENTLEIUS

S.

MEMINI equidem, Milli doctissime, cum abhinc dies com-
plusculos deambularemus una, strenueque de literulis nostris
sermones cæderemus; ibi forte fortuna de Joanne Antiochensi mentionem fuisse injectam: cumque me desiderium
cepisset librum adhuc musteum videndi, priusquam in lucem
publicam, te curante, exiret; ea me lege id abs te impetra-
visse, ut siqua in tam depravato scriptore emendationem
nostram accipere possent, ea in schedulas conjecta ad te
mitterem.   Duram profecto conditionem, quamque adeo
multis de causis nollem acceptam.   Nam ut omittam, quod
ex illo fere tempore a meliori librorum et chartularum
mearum parte, et (quod acerbius mihi accidit) a jucundissima
tua consuetudine longe disjunctus sim; quodque semel duntaxat hunc Malelam properans percurrerim, nec ut secundas,
quas sapientiores esse aiunt, curas et cogitationes adhiberem,
ullo adhuc pacto potuerim animum inducere: ut illa, inquam, atque alia præteream; pudet hercle, ut verum fatear,
pigetque bonas horas, quæ haud paulo melius collocari possent, in tam ingrato et ignobili labore consumere.   Sed quid
faciam? data est fides: promissa flagitantur.   Video, quod
mihi egomet intrivi, exedendum esse.   Liceat modo, si-
quando in hac ἀναγκοφαγίᾳ fastidium mihi suborietur, ali-

unde petere quod fluentem nauseam coerceat. Dabitur itaque potestas et venia evagandi identidem longiuscule; dummodo ne plane ἔξω τῶν ἐλαιῶν, neque levibus de càusis. Hoc autem scias velim in primis; non mihi consilium esse de Joanne isto qui cujasve fuerit, quando vixerit, aut a quibus laudatus sit, omnino verbum facere: cum diu sit quod omnem istam controversiam suscepit amicissimus noster atque eruditissimus Hodius.[a] Quippe aliud est, inquam, scriptionis hujus institutum: quæ vereor equidem ut satis ex voto et feliciter mihi vertat. Ita sane præsagit animus, ita in ipso limine conspicio, quod etiam fortissimo terrorem incutiat. Siquidem recte narrat Malelas pag. 90. edixisse nimirum atque interminatum esse Orphea, ne quisquam mortalium palam fecerit τὰ Ἐρικεπεώ. οὗ, ait, ὄνομα ὁ αὐτὸς Ὀρφεὺς ἀκούσας ἐκ τῆς μαντείας ἐξεῖπε, Μή τινα φάναι τὰ Ἐρικεπεώ, ὅπερ ἑρμηνεύεται τῇ κοινῇ γλώσσῃ, βουλὴ, φῶς, ζωοδοτήρ. Ego vero cum haud sim nescius, quam acerbos olim vindices deos hominesque habuerit, qui μυστήρια ἐξορχήσασθαι et Eleusinæ Matris occulta proferre ausus sit; qui sciam, annon ipse similem in me noxam admittam, si mysterium hoc Orphicum sacro hactenus silentio celatum evulgavero? Neque adeo clam me est, O Milli suavissime, quam audax impulsu tuo in me meosque facinus consciscam:

> Sed tua me virtus tamen, et sperata voluptas
> Suavis amicitiæ, quodvis discrimen adire
> Suadet, et inducit dias in luminis oras[b]

horribile illud arcanum protrahere. Bono verò animo eris, capitique et ætati meæ parces metuere; ubi μορμολυκείῳ

---

[a] Vide *Humfredi Hodii de Autore Prolegomena* in Malel. ed. Oxon. Confer etiam Jortinum, *Remarks on Eccles. Hist.* v. iv. p. 383.; Gibbonum, *Hist. of the Decline*, &c. chap. xl. note 11.; Reiskum, *Comment. ad Constant. Porph. de Cerim.* &c. p. 855. ed. 1830.; Lud. Dindorfium, *Præf. ad Mal. Chron.* ed. 1831.—D.]

[b] Lucretius:
> Sed tua me virtus tamen, et sperata voluptas
> Suavis amicitiæ, *quemvis ecferre laborem*
> Suadet, et inducit *nocteis vigilare serenas.*   I. 141.
> ⸺ dias in luminis oras.   I. 23.—D.]

isto detracto, putidisque illis μή τινα φάναι τὰ 'Ερικεπεὼ in malam rem ablegatis aliquo, veterem illuc et veram lectionem quasi postliminio reduxero. Ea hæc est: Οὐ (θεοῦ) ὄνομα ὁ αὐτὸς 'Ορφεὺς ἀκούσας ἐκ τῆς μαντείας ἐξεῖπε Μῆτιν, Φάνητα, Ἡρικεπαῖον. Orpheus, ait, per oraculum edoctus est Dei nomina Μῆτιν esse et Φάνητα, et Ἡρικεπαῖον, quæ communi sermone interpretata hanc habent vim et sententiam, Βουλὴ, Φῶς, Ζωοδοτήρ.

Porro hisce nominibus Deum Orphicum vocari non desunt mihi locupletes certissimique sane auctores. Damascius περὶ τῶν πρώτων ἀρχῶν MS. in Bibliotheca Coll. Corporis Christi Oxonii p. 156.[c] 'Εν μὲν τοίνυν ταῖς φερομέναις ταύταις ῥαψῳδίαις 'Ορφικαῖς ἡ[d] θεολογία δή τις ἐστὶν ἡ περὶ τὸν[e] νοητὸν (διάκοσμον) ἣν καὶ οἱ φιλόσοφοι διερμηνεύουσιν, ἀντὶ μὲν τῆς μιᾶς τῶν ὅλων ἀρχῆς τὸν χρόνον τιθέντες, ἀντὶ δὲ ταῖν[f] δυοῖν Αἰθέρα καὶ Χάος, ἀντὶ δὲ τοῦ ὄντος ἁπλῶς τὸ 'Ωὸν ἀπολογιζόμενοι, καὶ τριάδα ταύτην πρώτην ποιοῦντες. εἰς δὲ τὴν δευτέραν τελεῖν ἤτοι τὸ κυούμενον καὶ τὸ κύον 'Ωὸν τὸν θεὸν, ἢ τὸν ἀργῆτα χιτῶνα ἢ τὴν Νεφέλην, ὅτι ἐκ τούτων ἐκθρώσκει ὁ ΦΑΝΗΣ. ἄλλοτε γὰρ ἄλλα περὶ τοῦ μέσου φιλοσοφοῦσι, τοῦτο μὲν[g] ὁποῖον ἂν ᾖ ὡς τὸν νοῦν, ὡς δὲ πατέρα καὶ δύναμιν ἄλλα τινὰ προσεπινοοῦντες οὐδὲν τῷ 'Ορφεῖ προσήκοντα· τὴν δὲ τρίτην τὸν ΜΗΤΙΝ τὸν ΗΡΙΚΕΠΑΙΟΝ ὡς δύναμιν, τὸν ΦΑ-ΝΗΤΑ αὐτὸν ὡς πατέρα.[h] Idem ibidem p. 106.[i] ὅθεν πηγὴν μὲν πηγῶν αὐτὸ[j] (τὸ 'Εν) Χαλδαίων παῖδες ἀνευφημοῦσιν, 'Ορφεὺς δὲ μικτιῆ[k] σπέρμα φέροντα θεῶν, Φοίνικες δὲ αἰῶνα κοσμικὸν, ὡς πάντα ἐν ἑαυτῷ συνῃρηκότα. Locus corruptus. Lego : 'Ορφεὺς δὲ ΜΗΤΙΝ σπέρμα φέροντα θεῶν . . .

[c p. 380. ed. Kopp.—Tria typographi errata, quæ, in hoc Damascii loco, exhibet ed. Lips. *Epist. ad Mill.* 1781, pro Bentleii emendationibus habuit Koppius!—D.]

[d εἰ. ed. Kopp.—D.]   [e τὸ. ed. Kopp.—D.]
[f τοῖν. ed Kopp.—D.]   [g μὲν οὖν. ed. Kopp.—D.]
[h " Quorum postrema sic emendanda sunt, Εἰς δὲ τὴν τρίτην (τριάδα τελεῖν) τὸν Μῆτιν ὡς νοῦν, τὸν 'Ηρικεπαῖον ὡς δύναμιν, &c." Lobeckius, *Aglaoph.* t. i. p. 483.—D.]   [i p. 268. ed. Kopp.—D.]
[j αὐτὸ πηγῶν. ed. Kopp.—D.]   [k μικτὶ ἦ. ed. Kopp.—D.]

244　　　EPISTOLA AD

Et pag. 125.[1]　*Οὐχὶ δὲ καὶ Ὀρφεὺς ἀπὸ τοῦ Ὠοῦ παράγει. καὶ τῆς Νεφέλης ῥαγείσης* (hac modo occasione cogita, an in loco superiore pro *ἀργῆτα* reponi placeat *τὸν ῥαγέντα χιτῶνα ἢ νεφέλην) τὸν πολυτίμητον φάνηται, πρόοδον. καὶ ἐκεῖνος ἐν τῷ νῷ*[m] *ὑποστησάμενος. ἢ ῥητέον πρὸς ταῦτα,* et quæ sequuntur. Lege et distingue: *τὸν πολυτίμητον ΦΑΝΗΤΑ, πρόοδον καὶ ἐκεῖνος,* &c. Et præterea p. 124.[n]

Ἔνθεν ἀποθρώσκει γένεσις πολυπιδάκου[o] *ὕλης,*

καὶ ὅσα τοιαῦτα περὶ τῆς τάξεως ἐκείνης οἱ θεοὶ χρησμῳδοῦσιν· ἀλλὰ καὶ Ὀρφεὺς τὸν πολυτίμητον τοῦτον θεὸν ἀνευφήσαιμι[p] *τὸν σπέρμα φέροντα θεῶν κ᾽ αὐτὸν ἠρικεπαῖον, καὶ ἐξ αὐτοῦ ποιεῖ προϊοῦσαν ἅπασαν τὴν τῶν θεῶν γενεάν.* Enimvero non leviter mendis aspersa est hæc *ῥῆσις,* quam ita constitues: *καὶ Ὀρφεὺς τὸν πολυτίμητον τοῦτον θεὸν ἀνευφημεῖ*

ΜΗΤΙΝ σπέρμα φέροντα θεῶν κλυτὸν ΗΡΙΚΕΠΑΙΟΝ.

Pagina denique 164.[q]　*Τοῖον ἀπέστιλβε χρόνος ἀθανάτοιο ΦΑΝΗΤΟΣ,* ubi legendum *χροὸς,* ut quidem extat apud Proclum:[r]

Θαύμαζον καθορῶντες ἐν αἰθέρι φέγγος ἄελπτον,
Τοῖον ἀπέστιλβε χροὸς ἀθανάτοιο Φάνητος.

Idem Proclus in *Parmenidem* MS. hæc habet:[s] *ὁ μὲν γὰρ Ὀρφεὺς μετὰ τὴν κατάποσιν τοῦ ΦΑΝΗΤΟΣ ἐν τῷ Διὶ τὰ πάντα γεγονέναι φησίν. ἐπειδὴ πρότερον*[t] *μὲν καὶ ἡνωμένως ἐν ἐκείνῳ, δευτέρως δὲ καὶ διακεκριμένως ἐν τῷ δημιουργῷ*

[1 p. 309. ed. Kopp.—D.]　　　　　　[m *νοητῷ.* ed. Kopp.—D.]
[n p. 307. ed. Kopp.—D.]
[o *πολυποικίλου.* ed. Kopp. In *Orph.* p. 467. ed. Herman. sic (e Proclo) legitur versus:
　　　　　ἔνθεν ἄδην θρώσκει γένεσις πολυποικίλου ὕλης.　　　　D.]

[p *ἀνευφήμησεν.* ed. Kopp.—D.]
[q Deest hic locus, nisi fallor, in ed. Kopp.—D.]
[r In *Timæum,* p. 132. ed. Basil. ubi Τὸ ὂν *ἀπέστιλβε.* Eosdem versus paulo aliter citat Hermias in *Phædr.*: vide *Orph.* p. 506. ed. Herman.—D.]
[s Procli *Opp.* t. v. p. 22. ed. Cous.—D.]
[t *πρώτως.* ed. Cous.—D.]

[30]

τὰ πάντα ἀνεφάνη τὰ τῶν ἐγκοσμημάτων[u] αἴτια. et in *Alci-biadem priorem* MS. sic scribit:[v] Καί μοι δοκεῖ καὶ ὁ Πλά-των εὑρὼν παρ' Ὀρφεῖ τὸν αὐτὸν τοῦτον[w] καὶ Ἔρωτα καὶ Δαίμονα μέγαν ἀποκαλούμενον, ἀγαπῆσαι καὶ αὐτὸς ἐπὶ τοῦ Ἔρωτος τὸν τοιοῦτον ὕμνον· περὶ μὲν γὰρ νοητοῦ[x] νοῦ λέγων ὁ Θεολόγος,

Ἁβρὸς Ἔρως[y] καὶ ΜΗΤΙΣ ἀτάσθαλος —

καὶ πάλιν·

Οἷσιν ἐπεμβεβαὼς Δαίμων μέγας αἰὲν ἐπ' ἴχνη·

περὶ δὲ τοῦ νοεροῦ νοῦ καὶ ἀμεθέκτου,[z]

Καὶ ΜΗΤΙΣ πρῶτος γενέτωρ καὶ Ἔρως πολυτερπής·

καὶ πάλιν·

Ἕν κράτος, εἷς Δαίμων γένετο μέγας, ἀρχὸς ἁπάντων.

Multa prudens et sciens prætereo, quæ ex Athenagora, Macrobio, *Orphicis Hymnis*, tum autem præcipue e Proclo in Platonis *Timæum* adferre possem: ne forte qui me minus norunt, Pauli Leopardi[a] scrinia me compilare[b] existiment. Inde petere possunt, vel a Theodoro Cantero,[c] qui plura de his rebus scire desiderent. Nam quid ego censeam de illorum sententia, qui significationem mendosi verbi Ἐρικεπεὼ ex anilibus Cabbalistarum nugis conantur exsculpere? sed nolo aliquid inclementer dicere. Non nostrum est κειμένοις ἐπεμβαίνειν. Veniam etiam libenter dedero, si minus ea perspexerint, quæ a multis sæculis homines latuerunt, caligine et tenebris circumfusa. Nam ut concedam hæc, quomodo a me emendata sunt, ita a Joanne fuisse concepta; quod equidem haud facile crediderim; Suidæ tamen et

[u] τὰ πάντων ἀνεφάνη τῶν ἐγκοσμίων. p. 23. ed. Cous.—D.]
[v] Procli *Opp.* t. ii. p. 181. ed. Cous.—D.]
[w] τοῦτον θεόν. ed. Cous.—D.]   [x] τοῦ νοητοῦ. ed. Cous.—D.]
[y] ἔρως, φησὶ, καί. ed. Cous.—D.]
[z] μεθεκτοῦ. ex cod. Lobeckius, quem vide, *Aglaoph.* t. i. p. 495.—D.]
[a] *Emend.* xii. 2. apud Grut. *Fac. Art.* t. iii. p. 237.—D.]
[b] " Pauli me Leop. scrinia comp." ed. Oxon.—D.]
[c] *Var. Lect.* i. 26. apud Grut. *Fac. Art.* t. iii. p. 736.—D.]

Cedreni temporibus depravatum esse hunc Malelæ locum illud argumento est, quod hi interpretamenta duntaxat ex nostro afferant, de verbis Orphei οὐδὲ γρύ. Illud autem mihi videor satis certo scire, non te expectare, ut vim verbi Ἡρικεπαῖος et naturam explicem:[z] tune ut ineptas plerumque et cassas etymologias consectari me velis? Dabitur jusjurandum, ne ab Orpheo quidem ipso hoc fieri potuisse. Scire prius aveo, unde illa vulgaria, Διόνυσος, Ἥφαιστος, Ποσειδῶν. Διόνυσος, ait Orpheus apud Macrobium,[a] ἀπὸ τοῦ δινεῖσθαι originem ducit:

Πρῶτος δ' εἰς φάος ἦλθε, Διώνυσος δ' ἐπεκλήθη,
Οὕνεκα δινεῖται κατ' ἀπείρονα μακρὸν Ὄλυμπον.

Ride, et ad hoc exemplum crede alia fuisse dicturum. Nec quidem de significatione τοῦ Ἡρικεπαίου belle convenit scriptoribus. Secundum Malelam, Suidam[b] et Cedrenum est ζωοδοτήρ. Nosti hos tres, quam ad unum redeant denique. At Nonno in συναγωγῇ ἱστοριῶν[c] Phanes est ζωοδοτήρ. Ericepæus aliam vim habet nescio quam. Λέγουσι δὲ αὐτὸν (τὸν Φάνητα) ἔφορον εἶναι τῆς ζωογόνου δυνάμεως, ὁμοίως καὶ[d] τὸν Ἡρικεπαῖον λέγουσιν ἑτέρας ἔφορον εἶναι δυνάμεως. Quamobrem, si sapiam, non operam perdam in etymologia hac inquirenda: magis ex usu fuerit, in quibus primum institi vestigiis pergere; et siqua restent Orphica apud Malelam, quæ correctione opus habeant, pro virili restituere.

Sic igitur refingo locum, quem habes p. 89.

Ὦ ἄνα, Λητοῦς υἱ',[e] ἑκατηβόλε Φοῖβε κραταιὲ,
Πανδερκὲς, θνητοῖσι καὶ ἀθανάτοισιν ἀνάσσων,

[z Confer nostrum in Addendis, et in Epist. ad Bernard. *Mus. Crit.* t. ii. p. 541, 543, 546, 550.; Gesnerum in *Orph.* p. 260. ed. Herman.; Lobeckium in *Aglaoph.* t. i. p. 470.—D.]

[a *Saturn.* i. 18. *Orph.* p. 464. ed. Herman.—D.]

[b In v. Φάνης.—D.]

[c Ad calcem Greg. Naz. *in Jul.* p. 154. ed. Mont. 1610.—D.]

[d δὲ καί. ed. Mont.—D.]

[e Ὁ ἄναξ, Λητοῦς υἱὲ. Mal. p. 88.—D.]

Ἥλιε, χρυσέαισιν ἀειρόμενε[f] πτερύγεσσιν,
Δωδεκάτην δὴ[g] τήνδε παραί σεο ἔκλυον ὀμφὴν,
Σεῦ φαμένου, σὲ δέ γ᾽ αὐτὸν,[h] ἐκηβόλε, μάρτυρα θείην.

Tertio autem versui simillimus et maxime geminus ejusdem scriptoris est alius in *Hymno ad Protogonum*:

Πρωτογόνον καλέω διφυῆ, μέγαν, αἰθερόπλαγκτον,
Ὠογενῆ, χρυσέαισιν[i] ἀγαλλόμενον πτερύγεσσιν.

At vir bonus Joannes, atque item Cedrenus, ne in librarios culpam hanc transferas, τὴν πτέρυγα arbitrabantur esse generis virilis. *En cor Zenodoti, en jecur Cratetis!*[j]

Multo vero gravius affectus est locus pag. 92. ita poetæ verba non modo cum interpretamentis Malelæ confusa sunt atque commixta; sed et insuper mendis obsita et cooperta. Illa quidem certe μὴ διὰ μηδὲν veritus est Cedrenus describere, quippe quæ nullo prorsus modo intellexerit. At memini vidisse Excerpta quædam manu Patricii Junii ex Chronico quodam penes Cl. Seldenum manuscripto: ubi inter alia ejusdem farinæ hæc Orphica habebantur, córrupta ea quidem et mutila; nihilominus in quibus extarent vestigia veræ lectionis: siquidem ibi scriptum erat μὴ διὰ μὰ μηδέν. Proinde de hoc loco mihi nulla dubitatio est, quin in versiculos reponi debeat ad hoc exemplum:

Θῆρές τ᾽ οἰωνοί τε, βροτῶν τ᾽ ἀλιτήρια φῦλα,[k]
Ἄχθεα γῆς, εἴδωλα τετυγμένα, μηδαμὰ[l] μηδὲν
Εἰδότες, οὔτε κακοῖο προσερχομένοιο νοῆσαι
Φράδμονες, οὔτ᾽ ἄποθεν μάλ᾽ ἀποστρέψαι[m] κακότητος,

[[f] χρυσέοισιν ἀερόμενε. Mal. p. 89.—χρυσέησιν. Orph. p. 490. ed. Herman. et sic Dobræus, *Advers.* t. ii. p. 364.—D.]
[[g] δὲ, et παρὰ σεῖο. Mal.—D.]
[[h] σεῖο φαμένου, σὲ δ᾽ αὐτὸν, et θείη. Mal.—σεῦ φαμένοιο, σὲ δ᾽ αὐτόν. Dobræus, *Advers.* t. ii. p. 364.—D.]
[[i] χρυσέησιν. Orph. p. 260. ed. Herman.—D.]
[[j] Bibaculus apud Sueton. *De Ill. Gramm.* p. 959. ed. Ouden.—D.]
[[k] Θῆρές τε, οἰωνοί τε, βροτῶν ταλεῖτε οἶα φῦλα. Mal. p. 91.—D.]
[[l] μὴ διά. Mal. p. 92.—D.]
[[m] οὔτε ποῖον μάλλα προτρέψαι. Mal.—D.]

Οὔτ' ἀγαθοῦ παρεόντος ἐπιστρέψαι τε καὶ ἔρξαι[n]
Ἴδριες, ἀλλὰ μάτην ἀδαήμονες,[o] ἀπρονόητοι.

Ad hunc Orphicorum numerum non dubito adscribere quæ
extant pag. 30. etsi ea Mercurio Trismegisto attribuant
Malelas, Suidas, Cedrenus, Auctor *Chronici Paschalis*, et de
quo postmodum plura MS. Baroccianus. Scilicet ab auctoribus multo plus idoneis, S. Justino in *Parænetica ad Græcos*,
et S. Cyrillo *adversus Julianum* ad Orphea ἐν τοῖς ὅρκοις
referuntur : ubi etiam veram hujus λέξεως scripturam offendes. Malelas enim cum suo grege antiquam adeo hic
consuetudinem obtinent, ut nihil sentiant. Proxime autem
ad Joannis verba accedes, si ita legeris :

Οὐρανὸν ὁρκίζω σε, θεοῦ μεγάλου σοφὸν ἔργον,
Ὁρκίζω σ' αὐδὴν πατρὸς, ἣν ἐφθέγξατο πρῶτον,
Ἡνίκα κόσμον ἅπαντα ἑῇ στηρίξατο βουλῇ.[p]

Ficta illa et commentitia oracula quæ habes p. 42. 79. et
172. adeo misere ac fœde accepta sunt, ita verba poetica in
quotidianum sermonem immutata, ut vix invenias disjecti
membra poetæ. Quamobrem in iis recolligendis redinte-
grandisque frustra operam conterere non libet ; præsertim
cum Joannes ipse satis aperte fateatur, se quæ διὰ στίχων
scripta fuerant, εἰς τὴν κοινὴν διάλεκτον immutasse. Verum,
ut beem aliquos tam optabili nuncio, est liber Oxonii annos
abhinc puto DC. calamo exaratus ; in quo non pauca extant
Oracula Malelanis his germanissima : quæ si omnia hǐc in
lucem proferam, quando bella occasio est, sane (quod in
Græcorum proverbio est) patella videatur operculum inve-

[n] Οὔτε et καὶ εἶρξαι, om. τε. Mal.—D.]
[o] Ἴδρεες et ἀδήμονες. Mal.—Vide *Orph.* p. 490. ed. Herman.—D.]
[p] Apud Mal. p. 30. Ὁρκίζω σε, οὐρανὲ, Θεοῦ μεγάλου σοφὸν ἔργον, ἵλαος
ἔσο· ὁρκίζω σε, φωνὴ πατρὸς, ἣν ἐφθέγξατο πρώτην, ἡνίκα κόσμον ἅπαντα ἐστη-
ρίξατο βουλῇ. In *Orph.* p. 455. ed. Herman. sic, ex Justino et Cyrillo, hic
ὅρκος legitur :

     Οὐρανὸν ὁρκίζω σε, θεοῦ μεγάλου σοφοῦ ἔργον,
     αὐδὴν ὁρκίζω σε πατρὸς, τὴν φθέγξατο πρῶτον,
     ἡνίκα κόσμον ἅπαντα ἑαῖς στηρίξατο βουλαῖς.   D.]

nisse. Spero etiam me gratiæ aliquantulum initurum ab hominibus illis perelegantis judicii, qui Oracula quæ vulgo feruntur Sibyllina tanquam ab anu fatidica Noachi filia fusa venerantur. Adeste igitur, O vere σιβυλλιῶντες, lotisque manibus sacra hæc tangite.

Χρησμοὶ καὶ Θεολογίαι Ἑλλήνων Φιλοσόφων.

I.

Ἑρμοῦ μεγίστου περὶ Παντοκράτορος.

Ἀκοιμήτου πυρὸς ὄμματι γρήγορε, δρόμον αἰθέρος ζωογονῶν, ἡλίου θέρμην κρατύνων, λαίλαπι μεθιστῶν νέφη, τοὔνομα μὴ χωρῶν ἐν κόσμῳ, ἄφθιτον ἀένναον πανεπίσκοπον ὄμμα· πατέρα τῶν ὅλων θεὸν ὄντα μόνον, ἀπ' οὐδενὸς ἔχοντα ἀρχὴν ἔγνωκα· ἕνα μετά σε ὄντα μόνον ἐκ σοῦ γεραίρω υἱὸν, ὃν ῥώμῃ ἀπορρήτῳ καὶ ὀξυτέρᾳ φωνῇ ἴδιον εὐθὺς ἀφθόνως καὶ ἀπαθῶς ἀπογεννήτως λόγον ἐγέννησεν (leg. ἐγέννησας) θεὸν ὄντα, τὴν οὐσίαν ἐκ τῆς οὐσίας, ὅς σου τοῦ πατρὸς τὴν εἰκόνα καὶ (leg. κατὰ) πᾶν ὁμοίαν φέρει, ὥστε ἐκεῖνος ἕν σοι, σὺ δὲ ἐν ἐκείνῳ, κάλλος ἔσοπτρον· ἀλληλεύφραντον πρόσωπον. (leg. ἀλληλευφράντων προσώπων.)

II.

Τοῦ αὐτοῦ περὶ Τριάδος.

Ἦν φῶς νοερόν ἐκ φωτὸς, ut apud Malelam habentur p. 29.

III.

Τοῦ αὐτοῦ Προσευχή.

Ὁρκίζω σε, Οὐρανὲ, θεοῦ μεγάλου, &c. Vide Mal. p. 30.

IV.

Ἀριστοτέλους.

Ἀκάματος φύσις θεοῦ, γενέσεως οὐκ ἔχουσα ἀρχὴν, ἐξ αὐτῆς δ' ὁ πανσθενὴς οὐσίωται λόγος.

V.

Σόλωνος Ἀθηναίου.

Οὐκ ἐφικτὸν μοί ἐστι ταῦτα πρὸς ἀμυήτους εἰπεῖν, οὔτε δὲ φανερῶς παραθέσθαι· πλὴν τοῦ νοεῖν ἀκούεται (leg. τῷ νοεῖν ἀκούετε) ὅτι οὗτός ἐστιν ὁ κατ' οὐρανὸν μεγάλου * φλογὸς ὑπερβάλλων, ὃν τρέμουσιν οὐρανοὶ γαῖά τε καὶ θάλαττα, αὐτοπάτωρ, ἀπάτωρ, τρισόλβιος. Confer hæc cum Malelanis pag. 79.

VI.

Θουκυδίδου.

Τὸ ἓν τρία καὶ τὰ τρία ἕν, ἄσαρκον προσωπικόν. Γῆ τέτοκε τὸν οὐρανοῦ γεννήτορα.

VII.

Χίλωνος.

Γόνος ἐκ γόνου κατελθὼν γόνιμον ὕδωρ ἐποίησε. Τὸ ὑπέρτατον τῶν ὅλων αἴτιον ἐπινοεῖται οὐ φωτὶ καὶ πνεύματι, ἀλλ' ὡς πάντων θεὸς καὶ κύριος καὶ πατήρ.

VIII.

Πλουτάρχου.

Ὁ παλαιὸς νέος, καὶ ὁ νέος ἀρχαῖος, ὁ πατὴρ γόνος, καὶ ὁ γόνος πατήρ.

IX.

Ἀντιόχου Κολοφῶνος περὶ Τριάδος.

Ἦν νοῦς εἷς πάντων νοερώτερος * εἰ δέ γε ἔστιν
Τοῦ ἄπο παγγενέτης νοερὸς λόγος ἄφθιτος αἰεὶ
Υἱὸς ἀπαυγασμὸς νοεροῦ πατρός, εἷς ἅμα πατρὶ,
Ἐν μὲν ἐπωνυμίῃ * εἰ δέ γε ἔστιν ὡς ἀπὸ πατρὸς,
Εἷς δὲ πέλων σὺν πατρὶ καὶ ἐξ ἑνὸς εἷς, μία τάξις,
Πατρὸς . . . . . . ὁμοούσιος ἄφθιτος αἰεὶ
Πνεύματι σὺν πρώτῳ ἁγίῳ καὶ σπέρματος ἀρχή.

Uno verbo, ne nescias, te monitum velim in libro MS.
sic legi: τοῦ ἀποπαγγενέτης νοερώτερος λόγος ἄφθιτος υἱὸς
ἀπαύγασμα. Sed nihil erat facilius, quam in versus concin-
nare. Quivis etiam emendare possit Κολοφωνίου vel ἐκ
Κολοφῶνος.ᴾ Illud fortasse plusculum habet difficultatis,
quisnam sit ille Antiochus conjectura assequi. Et profecto
nimis velim extaret Nicandri Colophonii liber περὶ τῶν ἐκ
Κολοφῶνος ποιητῶν· mirum enim, ni ex animi sententia
hoc negotium conficeremus. Nunc vero, quandoquidem iste
liber, ut alia omnia καλὰ, vel flammis, vel humore, vel iner-
tibus tineis consumtus est; eum optimum vatem arbitremur,
qui illud in re tam ancipiti protulerit, quod sit veri similli-
mum. Opportune autem venit in mentem Xenophani illi
Colophonio filium fuisse nomine Antiochum, quem res Sicu-
las et Italicas scripsisse multi commemorant. Verum accidit
perincommode, quod is etsi patre natus Colophonio, tamen
nescio quî Syracusius vocetur. Alius proinde quatiendus est
funis. Placetne ut pro Antiocho reponatur Antiphanes?
Athenæus, lib. vii.�q Μνημονεύει αὐτοῦ Ἀντιφάνης ὁ Κολο-
φώνιος ἐν τῇ Θηβαΐδι λέγων οὕτως,

Ἢ ὕκκην, ἢ ἵππον, ἢ ὃν κίχλην καλέουσιν.

Sed mihi crede, nusquam fuit gentium Antiphanes ille
Colophonius: quippe, quod a doctissimo Casaubono non
animadversum esse demiror, pro commentitio isto Antiphane
reponendus est Antimachus, notissimus auctor *Thebaidos* et
Lydes, uti memorant ipse Athenæus alibi, *Etymologicon*,
Hesychius, Suidas, Quintilianus, aliique bene multi. Huic
autem Antimacho vix equidem dubito quin putidos hos
versus affingere voluerint. Quo quidem consilio nihil in-

[ᴾ " Cæterum apud Joannem Damascenum quod Malalas vocatur Ἰωάννης
Ἀντιοχείας, non patriarcham, sed civem Antiochensem intelligendum esse
assentior Hodio Proleg. s. viii.: quomodo dictum Ἀντιόχου Κολοφῶνος in opusculo MS. Oxoniensi fefellit Bentleium Epistola ad Millium." Lud. Dindorfius,
Præf. ad *Mal. Chron.* p. vii.—D.]

[q t. iii. p. 114. ed. Schw.—D.]

consultius esse potuit aut dementius. Proclus in *Commentario Timæi* distinguens poeticam *ἔνθουν ἀπὸ τῆς τεχνικῆς*, illius exemplum *τοὺς χρησμοὺς*, hujus *τὸ Ἀντιμάχειον* ponit. Adeo ut Antimachum *χρησμῳδοῦντα* fingere, sit prorsus *ἄνω ποταμῶν*. Totus erat Antimachus in arte et opera: nihil habuit *ἐξ ἐνθουσιασμοῦ*, nihil ex afflatu furoris, et cœlesti illo mentis instinctu, sine quo nullum poema sani coloris, nedum Oracula nasci possint.

X.

Ἐρώτησις Ἰάσονος βασιλέως τῶν Ἀργωναυτῶν εἰς τὸ Πύθιον τοῦ Ἀπόλλωνος.

Προφήτευσον ἡμῖν, Προφῆτα Τιτὰν, et quæ sequuntur; ut habet Malelas p. 94.

XI.

Πλάτωνος.

Γενετὸς οὐδεὶς ἱκανὸς γνώμης ἀφανοῦς ἰδεῖν αἰσθητήριον. φύσις γὰρ μόνου θεοῦ ὡς αἰτίου τοῦ παντὸς γυμνὴν ψυχὴν δυναμένου (leg. *δυναμένη*) *ἰδεῖν· εἷς γὰρ αἴτιος τοῦ παντὸς, εἷς καὶ ἐξ αὐτοῦ ἀλλ' οἷος* (leg. *ἄλλος*) *ὁ εἷς, καί ποτε οὗτος ὁ εἷς οὐκ ἐν χρόνῳ, ἀΐδιος γὰρ ὁ εἷς καὶ συναΐδιος.*

XII.

Τοῦ αὐτοῦ περὶ Χριστοῦ.

Ὀψὲ ποτέ τις ἐπὶ τὴν πολυσχεδῆ[r] *ταύτην ἐλάσει γῆν, καὶ δίχα σφάλματος σὰρξ γενήσεται, ἀκαμάτοις θεότητος ὅροις ἀνιάτων παθῶν λύσει φθορὰν, καὶ τοῦτο φθόνος γενήσεται ἐξ ἀπίστου λαοῦ καὶ πρὸς ὕψος κρεμασθήσεται ὡς θανάτοι καταδίκως* (leg. *θανάτῳ κατάδικος*) *πάντα πράσας* (leg. *πράξας* sive *δράσας*) *πείσεται.*

[[r] πολυσχιδῆ, Toupius, *Emend. in Hesych.* t. iii. p. 431.—D.]

XIII.

Χρησμὸς τοῦ ᾽Απόλλωνος δοθεὶς ἐν Δελφοῖς περὶ Χριστοῦ.

Εἴς με βιάζεται οὐράνιον φῶς, καὶ ὁ παθὼν θεός ἐστιν,
καὶ οὐ θεότης ἔπαθεν αὐτὴ, ἄμφω γὰρ βροτόσωμος καὶ
ἄβροτος αὐτὸς θεὸς ἤδη καὶ ἀνὴρ, πάντα φέρων παρὰ πατρὸς
ἔχων τε τῆς μητρὸς ἄπαντα, πατρὸς μὲν ἔχων ζώων ἄλκει,
μητρὸς δὲ θνητῆς σταυρὸν, τάφον, ὕβριν ἀνιήτου καὶ ἀπὸ
βλεφάρων ποτεχευᾶ τὰ δάκρυα θερμὰ ὁ πέντε χιλιάδας ἐκ
πέντε πυρῶν κορέσαι (l. σας) τὸ γὰρ θέλεν ἄβροτος ἄλκει.
Χριστὸς ὁ ἐμὸς θεός ἐστιν ἐν ξύλῳ τανυθῇ ὃς (leg. τανυσθεὶς)
θάνεν. ὃς ἐκ ταφῆς εἰς πολλῶν ὅλκων.

Miris modis hæc perturbata sunt; magnam tamen partem in versus suos nullo negotio redigi possunt in hunc
modum:

Εἴς με βιάζεται οὐράνιον φῶς—————
Καὶ ὁ παθὼν θεός ἐστι, καὶ οὐ θεότης πάθεν αὐτή.
῎Αμφω γὰρ βροτόσωμος ἔην ἠδ᾽ ἄβροτος αὐτὸς
—————————θεὸς ἠδὲ καὶ ἀνὴρ,
Πάντα φέρων παρὰ πατρὸς, ἔχων τῆς μητρὸς ἄπαντα
᾽Εκ πατρὸς μὲν ἔχων ζώην ἄλκει—————
Μητρὸς δὲ θνητῆς σταυρὸν, τάφον, ὕβριν, ἀνίην.
Τοῦ καὶ ἀπὸ βλεφάρων ποτε χεύατο δάκρυα θερμά.

XIV.

᾽Αστάνου περὶ τῆς Θεοτόκου.

Τιμήσωμεν τὴν Μαριὰμ, ὡς καλῶς κρύψασαν τὸ μυστήριον.

Sine dubio loco ᾽Αστάνου emendandum est ᾽Οστάνου.
Ostanes magus et Zoroastres etiam indoctis cognitissimi.
Theodoro Meliteniotæ Præfatione in Astronomiam non Ostanes dicitur, sed ᾽Οτάνης. Quæ fortasse vera scriptura est:
nam et apud Herodotum non unus est Otanes Persa: et
vero Magus ille natione fuit Chaldæus. Theodori locum
describam, quod ibi plurimorum Magorum nomina videas,

quos alibi frustra quæsieris. ʼΕν οἷς (Χαλδαίοις) ἄλλοι τε
πλεῖστοι γεγόνασιν ἀξιόλογοι ἄνδρες, καὶ μάλιστα Ζωρο-
άστρης, καὶ μετʼ ἐκεῖνον ʼΟτάνης, ὅ τε Κιδηνᾶς, καὶ Ναβου-
ριανὸς, καὶ σὺν αὐτοῖς ὁ Σουδῖνος, ἀλλὰ καὶ Σέλευκος ἀπὸ
Σελευκίας, Χαλδαῖος καὶ οὗτός ἐστιν.[s]

XV.

Θοῦλις ὁ Αἰγυπτίων βασιλεὺς ἐπαρθεὶς τοῖς κατορθώ-
μασιν ἠρώτησεν εἰς τὸ μαντεῖον τοῦ Εὐριπίδου περὶ αὐτοῦ
οὕτως.

Φράσον μοι, πυρισθενὲς, &c. ut Malelas p. 26. [27.]

Hominem sane festivum, qui Euripidem χρησμολογοῦντα
nobis exhibuit. Quidni autem, inquies ? cujus ex μαντείῳ
hoc editum est,

Μάντις δʼ ἄριστος ὅστις εἰκάζει καλῶς,[t]

oraculum quidem, quo nihil verius ac sapientius; quale nunquam aut Bacis[u] fudit, aut comicus iste Glanis, aut

Pythia, quæ tripode ex Phœbi lauroque profata est.[v]

Sed extra jocum : sine controversia corrigendum est τοῦ
Σαράπιδος· cui Canobi templa dicata sunt; etiam Alexandriæ et Memphi. Narrat Strabo[w] miris quosdam laudibus
efferre τὰς ἀρετὰς τῶν τοῦ Σαράπιδος ἐν Κανώβῳ λογίων.
Hæc scripseram, cum sero animadverti apud Suidam in voce
Θοῦλις ita legi αὐτολεξεὶ, uti prius ex conjectura emenda-
veram.

Dubitantem me et quo proxime me vertam circumspec-
tantem ad se vocat Sophocles, indignis sane modis a Joanne
acceptus p. 47. ʼΟ γὰρ σοφώτατος Σοφοκλῆς δρᾶμα ἐξέθετο

---

[s] Theod. Mel. *Proœm. in Astron.* (ad calcem Claud. C. Ptolem. *De Jud. Fac.*
&c. p. 228. ed. 1663.—D.]

[t] Eurip. *Frag. Incert. Trag.* cxxviii. ed. Matt.—D.]

[u] De Bacide et Glanide, vide Aristoph. *Equit.* v. 999. ed. Bekk. et Casaubonum ad l.—D.]

[v] Lucret. I. 740. ubi —" lauroque *profatur.*"—D.]

[w] p. 1136. ed. Falc. ubi τὰς . . ἀρ. τῶν ἐνταῦθα λογ.—D.]

καὶ ποιητικῶς εἶπεν ὅτι (ὁ Τειρεσίας) τὴν Παλλάδα εἶδε λου-
ομένην καὶ γυνὴ ἐγένετο. Ego verò quovis pignore con-
tenderim nihil usquam de fabella ista profectum a Sophocle,
quanquam ab aliis passim memoretur. Cum enim omnes
fere titulos Sophoclæorum dramatum beneficio Grammaticorum veterum habeamus, nullum est ubi Tiresiæ persona
locum habere possit, præterquam una Trilogia, *Œdipus
Tyrannus, Antigone,* et *Œdipus in Colono:* sic enim sentio:
sive Tetralogiam malis, accedo; ut fabula satyrica, sicut
omnes omnium præter *Cyclopem* Euripidis, periisse videatur.
Quanquam enim affirmet Suidas,[x] (ὅτι ὁ Σοφοκλῆς) ἦρξε τοῦ
δρᾶμα πρὸς δρᾶμα ἀγωνίζεσθαι, ἀλλὰ μὴ τετραλογίαν· scimus tamen ex didascaliis non ex omni parte verum hoc esse.
Vide modo Aristophanem Grammaticum in Argumento *Medeæ* Euripidis.[y] Atqui haud commemini fabellam istam de
Tiresia in trinis illis narrari, neque ibi reperiri posse arbitror. Prima hæc est erga Sophoclem contumelia. Deinceps,
῞Οθεν, ait, ἐξέθετο . . Σοφοκλῆς ἐν τοῖς αὐτοῦ συγγράμμασι
ταῦτα ἀληθείας εἶναι. Εἷς ἐστιν ὁ θεὸς ὃς τὸν οὐρανὸν, &c.
O hominis stuporem, et ἰδιωτείαν meram! Apud auctorem,
unde hæc habuit Antiochensis, sine dubio scriptum erat ad
hoc exemplum: Καθὼς ὁ Σοφοκλῆς εἶπεν ἐν ταῖς ἀληθείαισιν εἷς ἐστι θεός. Homo stolidus interpunctione falsa
jugulavit versum, miséreque disperdidit.[z] Nimirum ab ἀλη-

[x v. Σοφοκλῆς.—D.]
[y " Immo certum est, etiam post primam actionem tetralogiis dimicasse
Sophoclem, quod præter Triptolemum docuit Nausicaam satyricam et alia
satyrica dramata; idemque apparet e didascalia Byzantii Aristophanis Argum.
Eurip. Med. Ἐδιδάχθη ἐπὶ Πυθοδώρου Ἄρχοντος (Ol. lxxxvii. 1.) κατὰ τὴν πζ´
Ὀλυμπιάδα. Πρῶτος Εὐφορίων, δεύτερος Σοφοκλῆς, τρίτος Εὐριπίδης· Μήδεια,
Φιλοκτήτης, Δίκτυς, Θερισταὶ Σάτυροι· οὐ σώζονται. Hinc est quod Bentleius
Epist. ad Mill. p. 462. ed. Lips. dicit: *Scimus tamen ex didascaliis non ex omni
parte verum hoc esse. Vide modo Aristophanem Grammaticum in Argumento
Medeæ Euripidis.* Nempe et Bentleius eodem, quo alii, errore nimis genera-
tim cepit Suidæ verba, &c." Boeckhius, *Græc. Trag. Prin. &c.* p. 105.—
Errorem suum de trilogia sive tetralogia, *Œd. Tyr., Antig.* et *Œd. in Col.,* Bentleium in *Addendis* agnoscentem videas.—D.]
[z " Nescio an verba Malelæ corrupta sint; et ἀληθείας εἶναι depravata sint
ex ἀληθείαισιν, ut αι ex ε sequente natum sit." Dobræus, *Advers.* t. ii. p. 364.
—D.]

θείαισι distinctionem posuit, cum oratio post εἶπε sustineri
debuerit. Sed efficiam ut posthac hi versiculi sano saltem
pede possint incedere. Sic igitur emendo:

Ἐν ταῖς ἀληθείαισιν εἷς ἐστιν θεὸς,
Ὃς οὐρανόν τ᾿ᶻ ἔτευξε καὶ γαῖαν μακρὰν,
Πόντου τε χαροπὸν οἶδμα κἀνέμων[a] βίας.
Θνητοί τε πολλὸν[b] καρδίᾳ πλανώμενοι
Ἰδρυσάμεσθα πημάτων παραψυχὴν,[c]
Θεῶν[d] ἀγάλματ᾿ ἐκ λίθων ἢ χαλκέων[e]
Ἢ χρυσοτεύκτων ἢ ᾿λεφαντίνων[f] τύπους.
Θυσίας τε τούτοις καὶ κενὰς[g] πανηγύρεις
Τεύχοντες οὕτως[h] εὐσεβεῖν νομίζομεν.

Ita fere leguntur apud Justinum, Clementem, Eusebium,
Theodoritum, et partim Athenagoram; adeo ut demirer interpretem Chilmeadum, hominem sane pereruditum, in luce
tam clara minus solito perspexisse. Sed non te celabo, quod
pace sanctorum virorum dictum velim, vehementer me suspicari non esse hæc a Sophocle. Id adeo cur in animum in-
ducam, si me interroges; dico, permirum mihi præter alia
videri, tam illustrem locum Ecclesiasticis solis incurrisse in
oculos, aliorum omnium aciem effugisse. Quî factum, uti
dormitaret hic Plutarchi diligentia? Quî Porphyrium præ-
terire potuit περὶ ἀποχῆς ἐμψύχων tam insigne testimonium

[ᶻ τ᾿ om. Mal.—D.]
[ᵃ δὲ χαρωποῦ, et καὶ ἀνέμων. Mal.—D.]   [ᵇ δὲ πολύ. Mal.—D.]
[ᶜ Ἰδυσάμεθα πημιμάτων παραψυχάς. Mal.—D.]
[ᵈ Θεῷ. Mal.—D.]   [ᵉ καὶ ξύλων. Mal.—D.]
[ᶠ ἐλεφαντίνων. Mal.—D.]   [ᵍ καινάς. Mal.—D.]
[ʰ οὕτως om. Mal.—Clementem (p. 63 et 717. ed. Pott.) maxime secutus,
sic locum exhibuit Brunckius, Soph. Frag. ex Incert. Trag. li.:

Εἷς ταῖς ἀληθ. . . . .

Θνητοὶ δὲ πολλοὶ καρδίαν πλανώμενοι

. . . . . ἢ χαλκέους
Ἢ χρυσοτεύκτους, ἢ ᾿λεφαντίνους τύπους·
Θυσίας τε τούτοις καὶ καλὰς πανηγύρεις
Νέμοντες . . . . .   D.]

adversus τῶν θυσιῶν τὰς παρανόμους σφαγὰς, ut ad hunc locum ait Theodoritus? Ubi tu, Stobæe, cessasti, literarum oblivio? tu, qui tot forulos bibliothecarum excussisti, Sophoclis autem et Euripidis monumenta studiose præter cætera lectitasti. Adeone paucos e Patribus,—quid Patres autem dico? unumne aliquem tenebrionem, qui supposita persona librum ediderit (ut et olim et hodie nonnullorum opinio est, neque adeo injuria) cæteris omnibus perspicaciorem et diligentiorem fuisse? Clemens enim aperte et ingenue fatetur Hecatæi se fidem secutum, apud ipsum Sophoclem omnino non legisse. Ὁ μὲν Σοφοκλῆς, ait, Strom. V.,[h] ὥς φησιν Ἑκαταῖος ὁ τὰς ἱστορίας συνταξάμενος ἐν τῷ κατ᾽ Ἄβραμον καὶ τοὺς Αἰγυπτίους. Illud autem exploratum habeo tam a Justino et Clemente Patres alios accepisse, quam Justinum et Clementem commentitii ejus Hecatæi auctoritate tradidisse. Quem ad hominem demum, et quam nulla fide res redierit, vides. Ille ne ut Sophocli versiculos aliquot vereretur affingere, qui illum ipsum, quo eos adduxit, librum ediderit simulata persona Hecatæi? Ipsa præterea oratio de se facit indicium. Non agnosco illud χαλκέων, et πολλὸν sumptum, ut aiunt, adverbialiter, esse hominis Attici, aut in tragœdia ferri posse.[i] Qualis enim hæc foret confusio dialectorum, et ut ait ille,[j] sartago loquendi? Oportuit enim πολὺ et χαλκῶν. Χαλκέων quidem a χαλκεὺς Attice dixeris; minime gentium a χαλκοῦς, non magis mehercule quam ἀγαπάει vel Ἀριστοτέλεος. Χρύσεα, ait Phrynichus,[k] ἀργύρεα, κυάνεα, χάλκεα, ταῦτα Ἰακὰ διαιρούμενα· χρὴ οὖν λέγειν χρυσᾶ, ἀργυρᾶ, κυανᾶ τὸν Ἀττικίζοντα. Χρυσοῦς λέγε, τὸ γὰρ χρύσεος Ἰακόν, ὡσαύτως καὶ ἀργυροῦς, ... χαλκοῦς, κυανοῦς, καὶ τὰ ὅμοια. Rogo denique, cui personæ hæc oratio conveniat? Quave Sophocles fiducia die festo ludorum (non alias enim in scena quam Panathenæis ac

[h p. 717. ed. Pott.—D.]

[i πολλὸν Soph. Antig. 86.: verum ibi πλεῖον legebat Porsonus ad Eurip. Hec. 624.—D.]

[j Persius, i. 80.—D.]

[k ed. 1517. fol. ult. Paulo aliter legitur locus in ed. Lobeck. p. 207., ubi vide Pauwii notam.—D.]

trinis Liberalibus tragœdiæ docebantur) illos ipsos dies
festos et ludos solennes in contemptionem adduceret?
Istuccine se impune laturum speraret?[1] Nonne Æschyli
periculum cautiorem eum faceret, qui, quod ·in *Sisypho*
opinor πετροκυλιστῇ ad Cereris mysteria curiosius videretur
alludere, nisi ad aram Bacchi confugisset, illico trucidatus
esset in scena : postea etiam in Areopago de capite suo
causam dixit? Habes, amice, suspiciones nostras :[m] tu tui-
que similes rem cognoscite, et sententiam ferte; non Βεκ-
κεσέληνοι quidam, πολυμαθεῖς sine pectore et mente,

ἀνέρες, ὧν τὸ κέαρ
Παλῷ σέσακται καὶ δυσεκνίπτω τρυγός.[n]

Præclare vero actum est cum Sophocle, quod a χρο-
νορράφῳ nostro non nisi semel ad falsum testimonium dicendum citatus sit : Euripides autem, qui Malelæ erat paulo
familiarior, gravissimas istius consuetudinis pœnas sustinuit;
adeo quidem ut non minus incommodo hospite' hoc Antiochensi, quam olim Promeri canibus usus esse videatur.
Non erit, opinor, ab instituto nostro alienum, si locos omnes
accuratius aliquantum examinem, in quibus Euripidis mentio fit : et, quoad ejus facere potero, fabularum titulos, quo
singuli quique loci referuntur, ostendam. Dabitur fortasse
occasio ex interioribus literis aspergendi aliquid : memores
tamen erimus, ut spondeo, verbi veteris, quo admonemur

Τῇ χειρὶ σπείρειν, μηδ᾽ ὅλῳ τῷ θυλάκῳ.[o]

[1 " Aliud argumentum adferre potuerat Bentleius, Sophoclem scilicet de
Diis patriis longe reverentius semper loqui, quam ut hujus ῥήσεως auctor esse
possit." Dobræus, *Advers.* t. ii. p. 364.—D.]

[m Confer nostrum in Addendis, et in Epist. ad Bernard. *Mus. Crit.* t. ii.
p. 541, 543, 547.—De his pseudo-Sophoclis versibus egerunt Jortinus, *Remarks on Eccles. Hist.* vol. i. p. 309.; Toupius, *Emend. in Suid.* (*Ep. Crit.*) t. ii.
p. 526.; Boeckhius, *Gr. Trag. Prin.* p. 148.—D.]

[n Cercides apud Stobæum. Vulgo τρυγί : vide *Floril.* t. i. p. 129. ed.
Gaisf.—D.]

[o . . . γελάσασα ἐκείνη τῇ χειρὶ δεῖν ἔφη [Pindaro Corinna] σπείρειν ἀλλὰ
μὴ ὅλῳ τῷ θυλάκῳ. Plutarch. *Athenienses Bello,* &c. — *Mor.* t. ii. p. 294. ed.
Wyttenb.—D.]

[44]

Quæ igitur habes pag. 39. *Περὶ ἧς (Δανάης) ἐμυθο-*
λόγησεν Εὐριπίδης ὁ σοφώτατος ἐν τῇ συντάξει τοῦ αὐτοῦ
δράματος, et quæ sequuntur, e fabula *Danae* desumpta sunt.
Laudat hanc Pollux lib. 4. cap. 16.[p] Stobæus autem non
semel, ut et aliam Sophoclis similiter inscriptam. Harum al-
terutram, magis tamen Euripideam, Latine convertit Nævius,
cujus *Danae* Nonio Marcello citatur. Plutarchus *Conso-*
latoria ad Apollonium :[q] *Ὁ δὲ παραμυθούμενος τὴν Δανάην*
δυσπενθοῦσαν Δίκτυς φησί,

> *Δοκεῖς τὸν ᾅδην σῶν τὶ φροντίζειν γόων,*
> *Καὶ παῖδ᾽ ἀνήσειν τὸν σόν, εἰ θέλοις στένειν;*
> *Παῦσαι· βλέπουσα δ᾽ εἰς τὰ τῶν πέλας κακὰ*
> *Ῥᾴων γένοι᾽ ἄν, εἰ λογίζεσθαι θέλοις,*
> *Ὅσοι τε δεσμοῖς ἐκμεμόχθηνται βροτῶν,*
> *Ὅσοι τε γηράσκουσιν ὀρφανοὶ τέκνων,*
> *Τούς τ᾽ ἐκ μεγίστης ὀλβίας τυραννίδος*
> *Τὸ μηδὲν ὄντας· ταῦτά σε σκοπεῖν χρεών.*

Erravit eruditissimus Grotius in *Excerptis,*[r] cum in versu
quarto reposuit *Ῥᾷον φέροις ἄν.* Nihil enim magis usu
tritum, quam ῥᾴων εἶναι, *melius habere, hilariore animo esse,*
convalescere. Etiam pueri hoc sciunt. Erravit, cum in
versiculo quinto emendare conatus est *ἐμμεμόχθηνται.* Non
enim magis μοχθοῦμαι dixeris, cum μοχθῶ sit verbum
neutrum, quam πάσχομαι aut κάμνομαι. Sine dubio scriptum oportuit

> *Ὅσοι τε δεσμοῖς ἐμμεμόχλευνται βροτῶν,*

vel

> *Ὅσοι τε δεσμοῖσι μεμόχλευνται βροτῶν.*[s]

Erravit denique, cum locum hunc ad hanc, de qua agimus, *Danaen* referendum putavit, qui omnino ex Euripidis

---

[p] p. 415. ed. Hemst.—D.]
[q] *Mor.* t. i. p. 294. ed. Wyttenb.—Eurip. *Dict.* Frag. I. ed. Matt.—D.]
[r] p. 381.—D.]
[s] Vulgatam (probante Matthiæo) tuetur Wyttenb., *Animadv. in Plut.* &c.
t. vi. p. 352., vertens *in vinculis defatigati, confecti, consumti, contabuerunt.* —D.]

Dictye accersitus est :[r] de quo consule Stobæum, et alios.
Aristophanes Grammaticus in Argumento *Medeæ*. Ἐδιδάχθη
ἐπὶ Πυθιοδώρου[s] ἄρχοντος κατὰ τὴν πζ Ὀλυμπιάδα. Πρῶτος Εὐφορίων, δεύτερος Σοφοκλῆς, τρίτος Εὐριπίδης. Μήδεια, Φιλοκτήτης, Δίκτης,[t] Θερισταί. Σάτυρος οὐ σώζεται.
Scribe Δίκτυς, Θερισταὶ σάτυροι οὐ σώζονται. i. e. Θερισταὶ
δρᾶμα σατυρικόν. Ita loqui solent. Cave enim credas
τὸ σάτυροι esse partem inscriptionis. Ita Sophoclis fabula
Κωφοὶ σάτυροι. Scholiastes Nicandri[u] simpliciter Σοφοκλῆς
ἐν Κωφοῖς. Sic ejusdem Ἰχνευταὶ σάτυροι, quemadmodum
apud Pollucem[v] est legendum pro Ἰχνευταὶ Σατύρων.
Athenæus[w] non apposito fabulæ discrimine, Σοφ. ἐν Ἰχνευ-
ταῖς. Sic Ἰοφῶν . . . . ἐν Αὐλῳδοῖς σατύροις apud Clementem :[x] sic Æschylus ἐν Κήρυξι σατύροις apud Pollucem :[y]
ita enim emendo pro κήρυξι σατυρικοῖς. Photius in Lexico
manu scripto : Πυρσοκόρσου λέοντος, Αἰσχύλος ἐν Κήρυξι[z]
σατύροις. Ex quo restituendus Hesychii locus : Πυρσο-
κουρσολέοντος, πυρροκεφάλου, ξανθοτρίχου : lege, ut apud
Photium. Cum autem nomen fabulæ cujuspiam sit numero
singulari; tunc σατυρικὴ dicunt et σατυρικός. Potuit autem
Grotius erratum suum resciscere ex Fragmento illo *Danaæ*,
quod primus in lucem edidit de literis optime meritus
Hieronymus Commelinus. Ibi dramatis personæ sunt Mer-
curius, Danae, Nutrix, Acrisius, Minerva, Nuncius, Chorus :
Dictys autem minime comparet. In ἀποσπασματίῳ illo sic
vulgo legitur non longe a principio :[a]

　　　. . . . . κᾆτα πῶς κείνη ποτὲ
　　Εὐνὴν κρυφαίαν γνοῦσα καὶ μὴ γνοῦσα δὴ
　　Ὑπόπετρον λέοντα τέξεται πατρί.

[r] " Grotium sequutus Barnes. in nota, *Hunc*, ait, *locum alii ad Dictyn fabulam referendum putant :* cur Bentleium non nominat? qui in Epist. ad Jo. Millium, Barnesio lecta, . . . solus monstraverat, locum ex Euripidis esse *Dictye*
repetitum." Valcken., *Diatr. in Eurip.* &c. p. 5.—D.]

[s] l. Πυθοδώρου.—D.]　　　　　　　　[t] l. Δίκτυς.—D.]
[u] Ad *Ther.* 343.—D.]　　　　　　　　[v] p. 1180. ed. Hemst.—D.]
[w] Lib. ii. c. lxii. t. i. p. 241. ed. Schw.—D.]　[x] p. 329. ed. Pott.—D.]
[y] p. 1378. ed. Hemst.—D.]　　　　　　[z] Κάρυξι. ed. Pors.—D.]
[a] v. 13.—Hoc Danaës fragmentum quin spurium sit non dubitarunt, ut alios
taceam, Jacobsius, Elmsleius, Matthiæus.—D.]

Cum metri ratio, tum res ipsa flagitat, ut ὑπόπτερον scribamus, non ὑπόπετρον. Quis non alatum Perseum et in libris legit, et in pictis tabulis vidit? At interpres homo sane festivus ita convertit; *sub saxo natum leonem*. Nempe huic committas, siquid recte curatum velis.[a] Et tamen is ipse[b] est, ni fallor, qui bonam ætatis partem contrivit, ut Suidam foras extruderet mendis maculisque usquequaque obsitum, ut aliquando fortasse ostendemus.

Pag. 51. Διὰ τοῦτο δὲ ὁ Εὐριπίδης . . . . τῶν Βακχῶν ἐξέθετο δρᾶμα, ὡς ἀπὸ Πενθέως εἰπὼν ταῦτα· Σεμέλη δὲ λοχευθεῖσα ἐκ βροτοῦ τινος, εἰς Ζῆνα φέρουσα τὴν ἁμαρτίαν λέγει. *Bacchæ* Euripidis etiam nunc supersunt. Illud autem mentitur Malelas, ὡς ἀπὸ Πενθέως: non Pentheus enim, verum Semelæ sorores Ἰνὼ, κ᾽ Αὐτονόα, χ᾽ ἁ μαλοπάρῃος Ἀγαύα[c] contumelias has ei dixerunt. Bacchus in Prologo :[d]

Ἐπεί μ᾽ ἀδελφαὶ μητρὸς, ἃς ἥκιστ᾽ ἐχρῆν,
Διόνυσον οὐκ ἔφασκον εἶναι τοῦ Διὸς,[e]
Σεμέλην δὲ νυμφευθεῖσαν ἐκ θνητοῦ τινος,
Εἰς Ζῆν᾽ ἀναφέρειν τὴν ἁμαρτίαν λέχους.

Pag. 58. Ὁ γὰρ σοφώτατος Εὐριπίδης ποιητικῶς ἐξέθετο δρᾶμα, ὡς ὅτι ὁ Ζεὺς εἰς σάτυρον ἔφθειρε τὴν Ἀντιόπην. Censeo supplendum esse εἰς σάτυρον τρεφθεὶς ἔφθειρε. Propter similitudinem duorum verborum accidit, ut fieri solet, ut librarius unum omitteret. Porro fabula *Antiopa*[f] memoratur ab Hesychio, Stobæo, aliis. Photius Patriarcha in Lexico MS. Εὔκρας εὔκρατος εὐρυβροτοῖσιν. Εὔκρας οὐ γένοιτ᾽ ἂν ἡδέως, ἐν Ἀντιόπῃ. Lege Εὔκρας, εὔκρατος· Εὐριπ. ἐν Ἀντιόπῃ Βροτοῖσιν εὔκρας οὐ γένοιτ᾽ ἂν ἡδέως. Suidas: Εὔκραής, ἀντὶ τοῦ εὔκρατος. Scribe Εὔκρὰς, uti recte apud *Etymologicon Magnum*. *Antiopam* Latine

---

[a] " Huic *mandes*, si quid recte curatum velis." Terent. *Ad.* iii. iii. 18.—D.]
[b] Æmilius Portus.—D.] [c] Theocr. *Idyl.* xxvi. 1.—D.]
[d] v. 26.—D.] [e] vulgo ἐκφῦναι Διός.—D.]
[f] " Bentleium miror Antiopam Euripidis leviter attigisse tantum." Valcken., *Diatr. in Eurip.* &c. p. 68.—D.]

docuit Pacuvius, de Græco Euripidis conversam: citantibus
Charisio, Diomede, Servio, et Marcello. "In quo admiror,"
ait Cicero *De Finibus*,[g] "cur in gravissimis rebus non de-
lectet eos patrius sermo, cum iidem fabellas Latinas ad
verbum de Græcis expressas non inviti legant. Quis enim
tam inimicus pæne nomini Romano est, qui Ennii *Medeam*,
aut *Antiopam* Pacuvii spernat aut rejiciat? qui se iisdem
Euripidis fabulis delectari dicat, Latinas oderit?"[h] Nosti
illud Persii,[i]

> Sunt, quos Pacuviusque, et verrucosa moretur
> Antiopa, ærumnis cor luctificabile fulta.

Pag. 63. Ὁ γὰρ σοφώτατος Εὐριπίδης ποιητικῶς ἐξέθετο
δρᾶμα περὶ τοῦ Οἰδίποδος καὶ τῆς Ἰοκάστης καὶ τῆς Σφιγ-
γός. Œdipus et Jocasta in *Phœnissis* ad partes vocantur:
quin et ibidem de Sphinge mentio fit non semel. Potuit
igitur Antiochensis ad *Phœnissas* respicere, potuit ad fabulam *Œdipum*, quæ laudatur ab Hesychio, a Stobæo aliquoties, ab Erotiano.

Pag. 88. Καὶ μετὰ Αἰσχύλον ἐβασίλευσεν αὐτῶν (τῶν
Ἀθηναίων) Ἀκμαίων ἔτη δύο, περὶ οὗ Εὐριπίδης ὁ σοφώτατος δρᾶμα ἐξέθετο· καὶ μετὰ Ἀκμαίοντα ἐβασίλευσαν αὐτῶν
ἄλλοι IH'. Amabo te, Syrisce, serione hæc an joco? quæ
te enim larvæ atque intemperiæ agitabant,[j] cum hæc scri-
beres? ποῦ τοι φρένες ἐκπεπότανται;[k] Ἀκμαίων et Ἀκμαίοντα pro Ἀλκμαίων et Ἀλκμαίωνα? Muli sunt illa, non
hominis. Simile peccatum est, quod de Alcmæone Atheni-
ensi tragœdiam factam existimes. Siquidem ille est Alcmæo
Argivus, Amphiarai filius, qui, quod Eriphylen matrem occi-

[g] 1.2. "In quibus hoc primum est, in quo *admirer*; cur," &c.—D.]
[h] Vulgo "Latinas *litteras* oderit,"—quæ spuria suspicati sunt editores.
—D.]
[i] *Sat.* i. 77.—D.]
[j] Terentii *Heaut.* iii. ii. 30, 32., et Plauti *Aulul.* iv. iv. 15. respicit noster.
—D.]
[k] Theocr. *Idyl.* xi. 72. Ὦ Κύκλωψ, Κύκλωψ, πᾷ τὰς φρένας ἐκπεπότασαι;
—D.]

disset, furiis agitatus est. Inde scenæ argumentum est accersitum. Timocles comicus :[k]

Τοὺς γὰρ τραγῳδοὺς πρῶτον, εἰ βούλει, σκόπει,
Ὡς ὠφελοῦσι πάντας· ὁ μὲν γὰρ ὢν[l] πένης,
Πτωχότερον αὑτοῦ καταμαθὼν τὸν Τήλεφον
Γενόμενον, ἤδη τὴν πενίαν ῥᾷον φέρει·
Ὁ νοσῶν δὲ μανικῶς, Ἀλκμαίων' ἐσκέψατο.

Antiphanes :[m]

. . . . . Μακάριόν ἐστιν ἡ τραγῳδία
Ποίημα κατὰ πάντ'. . . . .
. . . . ἂν πάλιν
Εἴπῃ τις Ἀλκμαίωνα, καὶ τὰ παιδία
Πάντ' εὐθὺς εἴρηχ',[n] ὅτι μανεὶς ἀπέκτονε
Τὴν μητέρα.

Cicero *Academ.* 2.[o] " Quid? ipse Alcmæo tuus, qui negat cor sibi cum oculis consentire, nonne ibidem incitato furore; *Unde hæc flamma oritur?* et illa deinceps, *Incede, incede; adsunt, adsunt; me, me expetunt.* Quid, cum virginis fidem implorat? *Fer mi auxilium; pestem abige a me, Flammiferam hanc vim, quæ me excruciat. Cæruleo incinctæ angui*[p] *incedunt; Circumstant cum ardentibus tædis.*" Sed piget profecto in re certissima testibus usum esse non necessariis. Illud opinor auribus tuis, Milli, novum accedet; integram hujus dramatis inscriptionem esse Ἀλκμαίων ὁ διὰ Ψωφῖδος. Nisi fortasse geminum *Alcmæonem* Euripides ediderit,[q] aut

[k] Athen. l. vi. c. ii. t. ii. p. 358. ed. Schw.—D.]   [l] ἂν γάρ. ibid.—D.]
[m] Athen. l. vi. c. i. t. ii. p. 355-6. ed. Schw.—D.]   [n] εἴρηκεν. ibid.—D.]
[o] cap. 28.—D.]
[p] Sic correxerat et Columna ad Ennii *Frag.* Vulgo " *Cæruleæ* incinctæ *igni.*"—D.]
[q] " Arg. [Eurip.] Alcest. in MS. Vat. No. 909. apud Dindorf. τὸ δρᾶμα ἐποιήθη ιξ΄. ἐδιδάχθη ἐπὶ Γλαυκίνου ἄρχοντος. τὸ λ-. πρῶτον ἦν Σοφοκλῆς, δεύτερον Εὐριπίδης Κρήσσαις, Ἀλκμαίονι τῷ διαψωφίλῳ, Τηλέφῳ, Ἀλκήστιδι. . . . . From the mention of Ἀλκμαίονι (where we must read Ἀλκμαίωνι τῷ διὰ Ψωφῖδος), we learn that the suspicion of Bentley, Ep. ad Mill. p. 16. [ed. Cant.], that there were two dramas of the name, is confirmed. The present tragedy is the first, the Ἀλκμαίων which was exhibited after the death of Euripides was the second." Clinton's *Fasti Hellen., from the Earliest Accounts to the* LV. *Olymp.* (*Add. and Corr.*) p. 424.—D.]

iterum eundem, correctum scilicet et διεσκευασμένον. Quic-
quid est hujus, solus adeo me docuit Hesychius noster, et
fortasse solum : alios, qui depravata ejus verba non poterant
intelligere, non item. Ἀργαίνειν, λευκαίνειν. Εὐριπίδης
Ἀλκμαίωνι, διὰ ψηφῖδος ἀργαίνουσα, λευκαίνουσα, φοιτῶσα.
Censeo corrigendum esse, Εὐριπίδης Ἀλκμαίωνι τῷ διὰ
Ψωφῖδος· tum notam distinctionis ponendam † Ἀργαίνουσα,
λευκαίνουσα, φοιβῶσα. Παρὰ δὲ τὸ ἀργὸν, ait Eustathius ad
Odysseæ secundum,[r] .... καὶ ἀργάντες ταῦροι παρὰ Πινδάρῳ,
καὶ ἀργαίνειν τὸ λευκαίνειν παρ' Εὐριπίδῃ ἐν Ἀλκμαίωνι.
Sive hæc Eustathius ab Hesychio, sive ab alio quopiam uterque transtulit, apparet hunc locum a multis jam sæculis
fuisse depravatum.   Qui factum alioquin, ut Eustathius tragœdiæ nomen mutilum protulerit, nisi quod in verbis sequen-
tibus cerneret οὐδὲν ὑγιές. Idem Hesychius : Ἀτενής. Ἥκω
δ' ἀτενὴς ἀπ' οἴκων. Εὐριπίδης Ἀλκμαίωνι τῷ διὰ ψοφίδος
συντείνασα.   Corrige sodes in hunc modum, Εὐριπίδης
Ἀλκμαίωνι τῷ διὰ Ψωφῖδος, συντείνασα. Ἀτενὴς, ait, est
συντείνασα, festinans summa cum virium contentione. Cujus
significationis exempla quod haud temere reperiantur, propterea verbi sedes a Grammaticis inдicata est Ἀλκμαίων ὁ
διὰ Ψωφῖδος. Rationem porro hujus inscriptionis non diu
neque frustra quæsiverit, qui in memoria habuerit Alcmæonem, quem antea contortorum anguium et ardentium
tædarum verbera nusquam consistere paterentur, aliquando
tandem ad sanam mentem in Psophide Arcadiæ rediisse.
Videatur in *Arcadicis* Pausanias. Apollodorus lib. iii.[s]
Ἀλκμαίωνα δὲ μετῆλθεν Ἐριννὺς τοῦ μητρῴου φόνου, καὶ
μεμηνὼς πρῶτον μὲν εἰς Ἀρκαδίαν πρὸς Ὀϊκλέα παραγί-
νεται, ἐκεῖθεν δὲ πρὸς[t] Ψωφίδα πρὸς Φηγέα· καθαρθεὶς δὲ
ὑπ' αὐτοῦ Ἀρσινόην γαμεῖ τὴν τούτου θυγατέρα. Jam
monui emendandum esse Ψωφῖδα syllaba secunda producta.
Ovidius :[u]

Usque sub Orchomenon, Psophidaque, Cyllenenque.

[r] p. 1430. ed. Rom.—D.]   [s] p. 135. ed. Heyn. (1803).—D.]
[t] εἰς. ed. Heyn.—D.]   [u] *Met.* V. 607.—D.]

Percommode autem hic locus Apollodori in memoriam mihi alium redigit, in libro primo; qui viros doctos in errorem hactenus induxit: deinceps tamen, uti spero, non faciet. *Τυδεὺς δὲ ὥς φησιν ὁ τὴν Ἀλκμαιονίδα γεγραφὼς κτείνας τοὺς Μέλανος παῖδας ἐπιβουλεύοντας Οἰνεῖ, Φηνέα,* &c.[v] Quæ sic Latine expressit interpres: *Is qui Alcmæonidem tragœdiam scripsit.* Hominem sane liberalem, qui vocem illam *tragœdiam* benigne nobis de suo largitus est. Atqui, O bone, *Ἀλκμαίων* ea tragœdia, non *Ἀλκμαιονὶς* inscribitur, ut Erotianus, Stobæus, Priscianus, aliique testantur. Sicuti autem Philoclis tragici tetralogia de Pandione *Πανδιονὶς*, atque Æschyli de Oreste *Ὀρεστεία* nominata est; ita fieri potest ut Euripides tria dramata de Alcmæone publicaverit, una cum quarto satyrico argumenti omnino alieni: quam integram tetralogiam *Ἀλκμαιωνίδα* vocarent. Sed oportet Epicharmi illud semper habeas in promptu,

Νᾶφε καὶ μέμνασ᾽ ἀπιστεῖν· ἄρθρα ταῦτα τᾶν φρενῶν.[w]

Quicunque enim humaniores has Musas colit, sæpenumero solet usu venire ut

Ἴσκη ψεύδεα πολλὰ λέγων ἐτύμοισιν ὅμοια.[x]

Siquidem hæ de *Alcmæonide* suspiciones, ægri sunt somnia; cum is scriptor, quicunque tandem fuerit, (neque enim de ætate, neque de patria viri, aut nomine quicquam habeo compertum) historicus sit, non tragicus.[y] *Ὁ δὲ τὴν Ἀλκμαιωνίδα γράψας* (verba sunt Strabonis, lib. 10.[z]) *Ἰκαρίου*

---

[v] Apollodori verba sunt hæc: Τυδεὺς δὲ ἀνὴρ γενόμενος γενναῖος, ἐφυγαδεύθη, κτείνας, ὡς μέν τινες λέγουσιν, ἀδελφὸν Οἰνέως Ἀλκάθοον· ὡς δὲ ὁ τὴν Ἀλκμαιωνίδα γεγραφὼς, τοὺς Μέλανος, κ. τ. λ. p. 23. ed. Heyn.—D.]

[w] Polyb. xviii. 23. t. iv. p. 88. ed. Schw., ubi . . . τῶν φρ.—Suid. in Νῆφε et Πρόχειρος.—D.]

[x] Hom. *Od.* xix. 203., ubi Ἴσκεν.—D.]

[y] " Ἀλκμαίων nomen *tragœdiæ*. Ἀλκμαίωνις poema *epicum*." Toupius, *Emend. in Suid.* (*Ep. Crit.*) t. ii. p. 475., ubi de his vocibus plura.—" *Alc-mæonida* carmen epicum fuisse, longe probabilius est: quæ est sententia Heynii ad Apollodorum." Dobræus, *Advers.* t. ii. p. 364.—D.]

[z] p. 660. ed. Falc.—D.]

τοῦ Πηνελόπης πατρὸς υἱοὺς γενέσθαι δύο, ᾿Αλυζέα καὶ
Λευκάδιον· δυναστεῦσαι δ᾿ ἐν^a ᾿Ακαρνανίᾳ τούτους μετὰ τοῦ
πατρός. Et quidem Euripide vetustior. Scholiastes ad
Orestem v. 1000.^b ᾿Ακολουθεῖν δοκεῖ (ὁ Εὐριπίδης) τῷ τὴν
᾿Αλκμαιωνίδα (ω scribe etiam apud Apollodorum, non ο)
πεποιηκότι εἰς τὰ περὶ τὴν ἄρνα, ὡς καὶ Διονύσιος ὁ κυκλο-
γράφος φησί. Φερεκύδης δὲ οὐ καθ᾿ Ἑρμοῦ μῆνίν φησι τὴν
ἄρνα ὑποβληθῆναι. ὁ δὲ τὴν ᾿Αλκμαιωνίδα γράψας τὸν
ποιμένα προσαγαγόντα τὸ ποιμνίον τῷ ᾿Ατρεῖ ἀνταποκαλεῖ.
Quid tibi dicam depravatum mihi videri verbum illud postremum? χροὶ enim δῆλον, τὸ τοῦ Φερεκύδου. leg. ᾿Ανταῖον
ἀποκαλεῖ vel ᾿Αντανδρον καλεῖ vel ᾿Αντιφον, vel simile quippiam; cum sine controversia desit nomen pastoris. Hæc
habui, Milli jucundissime, quæ de *Alcmæone* et *Alcmæonide*
ore, ut opinor, alio indicta dicerem : non enim placet eorum
ratio, qui cum meræ corniculæ sint, emendicatis hinc inde
plumis germanos pavones se pollicentur.^c

Pag. 104. Multa narrat Malelas de Prœto, Stheneboea,
et Bellerophonte, καθὼς συνεγράψατο Εὐριπίδης, ὁ τραγικὸς
ποιητὴς, πληρώσας τὸ δρᾶμα. Intellige de fabula *Sthenebœa*,
cujus mentio fit apud Athenæum, Stobæum, alios. Julius

[^a ἐν τῇ. ed. Falc.—D.]

[^b v. 994. ed. Pors.—*Schol.* t. iv. p. 452. ed. Matt.—D.]

[^c " In quorum quidem manus nondum venisset illa R. Bentleii ad Jo.
Millium Epistola, cum prodiret Euripides Barnesii, in his fragmentis nonnulla
forte laudaverint velut nova, ᾿Αλκμαίωνα τὸν διὰ Ψωφῖδος· diversa dramata
inscripta Κρῆτες et Κρῆσσαι, et alia quædam minime vulgata, Barnesiis certe
ante incognita, quam ista, qui solus forte viderat, primus monuisset Bentleius
in perdocta Epistola; in qua cum hæc scripserit, p. 20. [ed. Oxon.] *non placere
sibi eorum rationem, qui, cum meræ corniculæ sint, emendicatis hinc inde plumis
germanos pavones se pollicentur;* quanta Bentleii debuit esse indignatio, cum sic
a Populari suo, Græcæ tamen linguæ peritissimo, dilaceratas Tragici videret
reliquias, quas ipse, juvenis, tam sollicita cura composuisset; nam ex eadem
didicimus Epistola, *fragmenta omnium Poetarum Græcorum cum emendationibus
et notis grande opus edere* olim Bentleium constituisse. Hoc quale fuisset opus
pars ejus exigua demonstrat, quæ publicata prostat, exhibens operum Callimachi
perditorum reliquias; qua nihil in hoc genere præstantius prodiit aut magis
elaboratum." Valcken., *Diatr. in Eurip.* &c. p. 3.—Confer etiam Porson's
Tracts, &c. (by Kidd), p. 313.—D.]

Pollux lib. 3. cap. 4.[d] Εἴρηται δὲ ξεναπάτη παρ᾽ Εὐριπίδῃ. Nomen tragœdiæ non commemorat; aliunde tamen scimus hanc esse de qua agimus, Sthenebœam. Ξεναπάτας, ait Photius MS. ἰδίως ἐπὶ τῶν . . . . . . ὅταν μὴ τοιοῦτοι πνέωσιν ἄνεμοι ἐν τοῖς πελάγεσιν, ὁποῖοι ἐν τοῖς λιμέσιν. Εὐριπίδης Σθενεβοίᾳ. Τίς ἄνδρα τινὰ ξεναπάταν.[e] Scribe autem in Polluce ξεναπάτης. Apparet ita corrigendum esse, cum ex hoc loco Photii; tum ex Euripidis Medea, quæ in extrema fabula sic Jasoni convitium facit, Τίς δὲ κλύει σου θεὸς ἢ δαίμων, τοῦ ψευδόρκουκ αἰ ξειναπάτα;[f] Aristophanes Vespis :[g]

Εἴτις ὑμῶν, ὦ θεαταὶ, τὴν ἐμὴν ἰδὼν φύσιν,
Εἶτα θαυμάζει μ᾽ ὁρῶν μέσον διεσφηκωμένον,
῞Ητις ἡμῶν[h] ἡ ᾽πίνοια τῆσδε τῆς ἐγκεντρίδος,
῾Ραδίως ἐγὼ διδάξω, κἂν ἄμουσος ᾖ τὸ πρίν.

Scholiastes annotat ad versum novissimum : ὁ στίχος ἐκ Σθενεβοίας Εὐριπίδου. Bene pol factum, quod nos docuerit, unde tralatus sit hic στίχος, quod quidem alias nesciremus. Atque ea gratia non leve peccatum ei condonabitur. Enimvero non totus versus, ut ille existimavit, sed pars tantummodo posterior ex Euripide est. Nam in his rebus verba mihi dari haud facile patior, qui, ut scis, fragmenta omnium Poetarum Græcorum cum emendationibus et notis grande opus edere constitueram : nunc, ut aiunt, ῎Αλλος βίος, ἄλλη δίαιτα. Plutarchus Συμποσιακῶν i. 5.[i] Πῶς εἴρηται τὸ,

Μουσικὴν δ᾽ ἄρα
῎Ερως διδάσκει, κἂν ἄμουσος ᾖ τὸ πρίν.

Quem ego locum admiror, cum sine dubio depravatus sit, nemini unquam in suspicionem venisse. Ita exhibent, ut vulgo legitur, Erasmus et Jos. Scaliger in Proverbiis; ita Grotius in Excerptis. Spes tamen est, ut nunc jam dehinc

[d p. 296. ed. Hemst.—D.] [e τιμᾷ ξεναπάτην. ed. Pors.—D.]
[f v. 1388. ed. Pors.—D.] [g v. 1071. ed. Bekk.—D.]
[h ῞Ητις ἐστίν. ed. Bekk.—D.]
[i Mor. t. iii. p. 353. ed. Wyttenb.—Eurip. Stheneb. Frag. iii. ed. Matt.—D.]

tam turpe erratum ex libris et memoria hominum auferatur.
Legent enim qui sapient, μουσικὸν, non μουσικὴν. Μουσικὸν διδάσκει, i. e. ποιητὴν ἀποδείκνυσι, *poetam reddit :*
quasi hoc senario Latine dixeris : *Amor poetam vel facit,
vel invenit.*[i] Ars musica et studium musicum est poetica.
Terentius :[j] *Is sibi responsum hoc habeat ; in medio omnibus
Palmam esse positam, qui artem tractant musicam.* Ea autem significatio τοῦ διδάσκειν elegantior paulo est et rarior,
proptereaque fraudi fuit librariis : attamen non desunt exempla. Aristoph. *Ranis :*

Καὶ σὺ τί δὴ δράσας αὐτοὺς οὕτως ἀνδρείους ἐδίδαξας ;

Sed et hic locus in vitio est; et legendum auctore MS.
Oxoniensi,

Καὶ σὺ τί δράσας οὕτως αὐτοὺς γενναίους ἐξεδίδαξας ;[k]

Vulgata lectio cum propter alia minus placet, tum ob hoc
præcipue; quod τὸ τετραπόδιον sive IV. priorum pedum
mensura non debet in dimidiatum verbum desinere. Idem
Plutarchus Περὶ τοῦ μὴ χρᾶν ἔμμετρα νῦν τὴν Πυθίαν.[l]
Ὁ δ᾽ Εὐριπίδης, ait, εἰπὼν, ὡς διδάσκει ποιητὴν ἔρως, κἂν
ἄμουσος ᾖ τὸ πρὶν, ἐνόησεν ὅτι, et quæ sequuntur. Nicias
Medicus apud Schol. Theocriti *Idyll.* xi.[m]

Ἦν ἄρ᾽ ἀληθὲς τοῦτο, Θεόκριτε, οἱ γὰρ ἐρῶντες
Πολλάκι ποιητὰς ἐδίδαξαν τοὺς πρὶν ἀμούσους.

[i] " Observatio Bentleii minime vulgaris manet eadem, sive legatur μουσικὸν,
seu, quod Euripidem arbitror dedisse :

ποιητὴν δ᾽ ἄρα
Ἔρως διδάσκει, κἂν ἄμουσος ᾖ τὸ πρίν.

Quod Grotius aliique dedere, μουσικὴν δ᾽ ἄρα—semel apud Plutarchum, Sympos.
I. 5. p. 622. c. alterum legitur apud eumdem bis." [in libello de *Pyth. Or.*, quem
infra citat Bentleius, et in *Erot.—Mor.* t. iv. p. 37. ed. Wyttenb. &c.] Valcken.,
Diatr. in Eurip. &c. p. 206., ubi plura.—D.]

[j] *Prol. in Phorm.* 17.—D.]

[k] v. 1017. ed. Bekk., ubi Καὶ τί σύ.—D.]

[l] *Mor.* t. ii. p. 454. ed. Wyttenb., ubi . . . . ὡς Ἔρως ποιητὴν διδάσκει, et
ἐνενόησε.—D.]

[m] *Argum. Idyl.* xi.— *Poet. Min. Gr.* t. ii. p. lx. ed. Gaisf., ubi . . . οἱ γὰρ
Ἔρωτες Πολλοὺς ποιητ. κ. τ. λ.—D.]

Sed quo me cunque recipio, omnia conspicio mendis et maculis inquinata. Ecce enim et huic medico medicina adhibenda est. Scribendum est, inquam,

——καὶ γὰρ Ἔρωτες
Πολλάκι ποιητὰς ἐδίδαξαν τοὺς πρὶν ἀμούσους.

P. 106. Περὶ δὲ τῆς Πασιφάης ἐξέθετο δρᾶμα Εὐριπίδης ὁ ποιητής. Inanem, mihi crede, operam sumpserit, qui Euripidis *Pasiphaen* instituerit quærere. Non temere dico atque equidem certe scio neminem ex scriptoribus vetustis hodie superesse, qui tale quidquam memoriæ tradiderit. Hesychius tamen, Σαρδὼ, ait, ἐν Πασιφάῃ τὸ σαρδόνιον, ἡ σφραγὶς εἴρηται. quem si ad Euripideam fabulam respexisse quispiam existimet; caveat moneo, et existimationi suæ insidias parari cogitet. Alcæi quidem comœdia *Pasiphae* inscripta est, ut scimus ex Didascalia *Pluti* Aristophanis: Ἐδιδάχθη ἐπὶ ἄρχοντος Ἀντιπάτρου, ἀνταγωνιζομένου αὐτῷ Νικοχάρους μὲν Λάκωσιν, Ἀριστομένους δὲ Ἀδμήτῳ, Νικοφῶντος δὲ Ἀδώνιδι, Ἀλκαίου δὲ Πασιφάῃ. Sed Euripidis *Pasiphaen* nusquam cuiquam laudari reperies. Quid igitur fiet? Num nam Antiochensis, cum hæc scriberet, memoriola vacillavit γεροντικῶς, an mendacio conatus est fallere? Utrum libet sane fecerit, haud arbitrario vapulabit: atque adeo dudum est, quod homunculum video σκύτη βλέπειν. Verum hercle quanquam admodum nupera est inter nos notitia; me tamen et precatorem habebit et defensorem paratum: cum et alias soleam esse in amicitiis fidelis. Dico igitur Euripidem tragœdiam quidem de Pasiphae publicasse, minime tamen *Pasiphaen* inscripsisse, sed *Cretenses*. Nec tu mihi de Κρήσσαις hoc perperam intelligas, quæ ex Athenæo, Stobæo, et aliunde satis in notitiam venerunt: sed de quibus hodie fortasse primum inaudivisti, Κρησί· quandoquidem et Joannis Meursii, qui de trium tragicorum fabulis accurate studioseque scripsit, diligentiam effugerunt. In Aristophanis *Ranis* his verbis compellat Euripidem Æschylus:

Ὦ Κρητικὰς μὲν συλλέγων μονῳδίας,
Γάμους δ' ἀνοσίους εἰσφέρων εἰς τὴν τέχνην.[n]

Quo in loco hæc annotat Scholiastes : Ἐν γὰρ τοῖς *ΚΡΗΣΙΝ*
Ἴκαρον μονῳδοῦντα ἐποίησε. καὶ οἱ μὲν εἰς τὴν Ἰκάρου
μονῳδίαν ἐν τοῖς *ΚΡΗΣΙ*· θρασύτερον γὰρ δοκεῖ[o] τὸ πρόσωπον. Ἀπολλώνιος δὲ, ὅτι δύναται καὶ εἰς τὴν Ἀερόπην
τὴν ἐν τοῖς Κρήταις εἰρῆσθαι, ἣν εἰσήγαγε πορνεύουσαν.
Οἶμαι δὲ διὰ τὰ ἐν τῷ Αἰόλῳ. Τιμαχίδας δὲ διὰ τὴν ἐν τοῖς
ΚΡΗΣΙ μίξιν *ΠΑΣΙΦΑΗΣ* πρὸς τὸν ταῦρον. Absolvimus,
opinor, Joannem ab omni suspicione peccati : nunc et huic
Scholiasti patrocinari oportet. Non enim deerunt qui per-
vulgata via quorundam, qui germanos se putant esse Aris-
tarchos, extemplo pro verbo Κρησὶ contendent esse reponen-
dum Κρήσσαις. Pedetentim tamen, et aliquantisper, oro,
manum abstineant; dum tribunos adeam qui intercedant
tantæ temeritati. Ecce iterum Scholiastes ad hæc verba
Aristophanis,

Ἀλλ', ὦ Κρῆτες, Ἴδης τέκνα,
Τὰ τόξα λαβόντες ἐπαμύνατε.[p]

Ταῦτα, ait, παρὰ τὰ ἐκ *ΚΡΗΤΩΝ* Εὐριπίδου. Bina profecto sunt dramata Κρῆτες et Κρήσσαι, argumento longe
dissimili. Personæ omnino aliæ introducuntur, scenæ po-
nuntur in locis disjunctissimis maximeque diversis. Ill'
Icarum cernis et Pasiphaen : in *Cressis* Aeropen, Atrea,
Thyestem. Hic Argis Peloponnesi, illic in Creta insula res
aguntur. Aristophanes *Vespis*:[q]

Τοῦτο δὲ
Ἅδης διακρινεῖ πρότερον ἢ 'γὼ πείσομαι.

Ubi Scholiastes, Ἐν Κρήσσαις, ait, Εὐριπίδου, ὁ Ἀτρεὺς
πρὸς τὴν Ἀερόπην * κρινεῖ ταῦτα. Unde perspicuum est, in
superiore loco corrigendum esse Ἀερόπην τὴν ἐν ταῖς Κρῆσ-

[n v. 848. ed. Bekk.—D.]   [o δοκεῖ εἶναι. Schol. ib.—D.]
[p *Ran.* v. 1352. ed. Bekk., ubi Ἴδας.—D.
[q v. 762. ed. Bekk.—D.]

σαις. Porphyrius lib. 4.[r] *De Abstinentia* : Μικροῦ με παρ-
ῆλθε καὶ τὸ Εὐριπίδειον παραθέσθαι, ὃς τοὺς ἐν Κρήτῃ τοῦ
Διὸς προφήτας ἀπέχεσθαί φησι διὰ[s] τούτων. λέγουσι δὲ οἱ
κατὰ τὸν χορὸν πρὸς τὸν Μίνω·

> Φοινικογενοῦς παῖ τῆς Τυρίας
> Τέκνον Εὐρώπης καὶ τοῦ μεγάλου
> Ζηνὸς,[t] ἀνάσσων
> Κρήτης ἑκατομπτολιέθρου·
> Ἥκω ζαθέους ναοὺς προλιπὼν,
> Οὓς αὐθιγενὴς τμηθεῖσα δρῦς
> Στεγανοὺς παρέχει χαλύβῳ πελέκει,
> Καὶ ταυροδέτρῳ κραθεῖ-
> σ' ἀτρεκοὺς ἁρμοὺς κυπαρίσσου. et quæ sequuntur.

Ita locum hunc emendare conatus est Grotius in *Excerptis
ex Comœdiis et Tragœdiis Græcis.*[u] Cujus auctoritatem Can-
tabrigienses in novissima Porphyrii editione secuti sunt.
" Hoc fragmentum Euripidis " (verba sunt Grotii) " ἐν
Κλεισὶ extare dicit Erotion, ut quidem nunc legitur. At
ex *Cressis* esse facile intelligitur, quod verba sunt chori ad
Minoa."[v] Sed erravit in re levi, gravioribus, opinor, studiis intentus, vir supra comparationem atque æmulationem
nostram longissime positus. Cum enim in *Cressis*, ut jam
docui, Atreus et Aerope loquantur; scena autem sine controversia sit Argos; vix aut nullo modo est, ut hæc Por-
phyriana ex eodem dramate petita videantur. Quod si sint,
demiror equidem cur in Creta Minos cum his sacerdotibus
sermonem instituat. Quæ enim hæ præstigiæ? quibusnam
machinis hæc ἄνω καὶ κάτω? Eademne in fabula tam
alienæ historiæ? duplexne scena, et geminus chorus? Modo
Cretam spectemus, modo regiam Atrei? modo chorus virilis,
Mystæ, inquam, Idæi Jovis, modo grex fœminarum ad partes

[r] p. 172. ed. Cant. 1655.—*Cret.* Frag. ii. ed. Matt.—D.]
[s] " Forsan ἀεί." Dobræus, *Advers.* t. ii. p. 364.—D.]
[t] Ζανός. ed. Cant. et Grot.—D.]
[u] p. 391.—D.]
[v] p. 957. ubi ... " facile intelligitur ex Porphyrio de non edendis anima-
libus quarto. Ait enim verba esse chori ad Minoa."—D.]

veniat? Inde enim fabula *Κρῆσσαι* nomen accepit, quod in
ea chorus sit mulierum Cretensium, videlicet quæ Aeropem
e Creta comitatæ sunt. Similem ob causam *Φοίνισσαι,*
Τρωάδες, Τραχίνιαι, aliæ bene multæ suis vocabulis nominantur. Nec tamen, quod chorus sit Cretensium, idcirco
necesse est, ut in Creta scena sit posita : quando et in
Phœnissis res Thebis aguntur, chorum tamen constituunt
mulieres Tyriæ : *Τύριον οἶδμα λιποῦσ᾽ ἔβαν Ἀκροθίνια Λοξίᾳ*
Φοινίσσας ἀπὸ νάσου.[w] Sed quid tergiversamur? Scimus
Aeropen Catrei fuisse filiam, Minois neptem : et quo tempore res hæ transactæ sunt, jam diu liberos suscepisse.
Siquidem Agamemnonem et Menelaum patri fuisse conscios
commemorant, cum cœnam illam feralem Thyestæ appo-
neret. Non ergo de Minoe proavo longa dubitatio est, quin
e numero vivorum pridem ante excesserit. Imo vero a filia-
bus Cocali trucidatus est : si Eusebio fides, prius circiter
triennio; sed secundum exactissimam rationem Gulielmi
Lloidii, Episcopi Asaphensis,

　　　Ἀνδρὸς, ὃν οὔτ᾽ αἰνεῖν τοῖσι κακοῖσι θέμις,[x]

ante annis solidis quatuor et viginti, quam Atreus regnum
capesseret. Quamobrem haud facile patior, ut corrupta illa
verba Erotiani *Εὐριπίδης ἐν Κλεισὶ* magis magisque a Grotio
depraventur : sed, quod ad vulgatam lectionem proxime accedit, auctor esse ausim, ut posthac *ἐν ΚΡΗΣΙ* corrigatur.
Ita totum erit simplex et unum, omnia sibi constabunt, belle-
que convenient : Minos, chorus Mystarum, Pasiphae, Icarus.
Non opus erit *κλώθειν τὰ ἀσύγκλωστα.* Restat, ut de loci
hujus Porphyriani miris quidem modis mendosi lectione accurate quantum in nobis est, et exquisite disputemus :

　　　Ἥκω ζαθέους ναοὺς προλιπὼν,

[w] v. 209. ed. Pors.—D.]
[x] ὅτι πολλὴν εὔνοιαν ἔσχε πρὸς τὸν Πλάτωνα ὁ Ἀριστοτέλης, δῆλον ἐκ τοῦ
καὶ βωμὸν ἀνιερῶσαι τῷ Πλάτωνι, ἐν ᾧ ἐπέγραψεν οὕτω·
　　　Βωμὸν Ἀριστοτέλης ἐνιδρύσατο τόνδε Πλάτωνος,
　　　　Ἀνδρὸς, ὃν οὐδ᾽ [vulgo οὔτ᾽] *αἰνεῖν τοῖσι κακοῖσι θέμις.*
Ammonius in *Aristotelis Vita*—Arist. *Opp.* t. i. p. 46. ed. Bip., ubi vide Buhlii
notam.—D.]

Οὖς αὐθιγενὴς τμηθεῖσα δρῦς*
Στεγανοὺς παρέχει Χαλύβῳ πελέκει,
Καὶ ταυροδέτρῳ κραθεῖ-†
Σ' ἀτρεκοῦς‡ ἁρμοὺς κυπαρίσσου.

Quæ ita vertit Cl. Grotius:

> Sacra advenio templa relinquens,
> Quas prisca domos dedit indigena
> Quercus Chalyba secta bipenni,
> Taurique sibi glutine jungens
> De vera tigna cupressu.

Haud ita facere debet qui interpretis munere fungitur. Nolim eum in cæteris scriptis eodem modo indiligentem. Unde enim ἁρμοὶ sunt *tigna?* quid ista sibi vult *vera* cupressus? Cur spreta est vulgata Porphyrii lectio ἀτρεκεῖς? Cur Erotiani auctoritas repudiata, qui locum hunc ideo citavit, ut ostenderet ἀτρεκεῖς ἁρμὰς non significare ἀληθεῖς *veras,* sed ἀκριβεῖς, *arctas* nempe *et exactas compages.* Ejus verba sunt hæc:ʸ Καὶ Εὐριπίδης ἐν Κλεισί (leg. Κρησί) φησιν, Ἥκω ζαθέους, &c. κολληθεὶς ἀτρεκεῖς ἁρμάς· οὐκ εἶπεν ἀληθεῖς ἁρμὰς, ἀλλ' ἀκριβεῖς. Sic corrigendum esse facile videbit, cui ad manum est Erotianus: vulgo enim perperam, ἀλλ' ἀτρεκεῖς. Apagesis autem barbarum illud et solœcum ταυροδέτρῳ, quo verbo nullus unquam scriptor est usus, aut per analogiam uti poterit. Quin etiam et versui consultum oportuit. Quis enim, qui non negligenter in his literis versatus est, illud omnino probare possit Καὶ ταυροδέτρῳ κραθεῖ...., dimetrum scilicet brachycatalectum, ut proxime ante parœmiacum veniat. Affirmo tibi neminem unum tragicum comicumve in eo loco hoc metrum adhibere; multo etiam minus, quod Erotiani scriptura constituit Καὶ ταυροδέτῳ κολληθείς. Quid quod ne in Latinis quidem legitimi

---

* Erotianus δοκοὺς, vetus editio Porphyrii δορός.
† Porph. ταυροδέτῳ κρηθεῖσ', Erot. τοροδέτῳ κολληθείς.
‡ Porph. ἀτρεκεῖς, Erot. ἀτρεκεῖς ἁρμάς.
[ʸ p. 36. ed. Franz.—D.]

sunt numeri? In secundo versu, *Quas prisca domos dedit indigena,* tribrachys est loco anapæsti vel cujuscunque pedis quatuor temporum. Quod vitium commune Grotio est cum Jos. Scaligero, Flor. Christiano, aliisque, opinor, omnibus qui sæculo hoc et superiore vel tragœdias Græcas Latine verterunt, vel ipsi scripserunt novas: quibus solenne est anapæstos suos passim, ubi nulla clausula est neque interpunctum, tribrachi vel trochæo vel cretico terminare; vel etiam vocali, aut litera M finire, versu proximo ab alia vocali vel H incipiente. Scilicet etiam hic ut alibi postremam in versu syllabam communem esse arbitrabantur. Næ isti, si olim stante re Græca vel Romana suas fabulas edidissent, sibilis et κλωγμοῖς e scena explosi fuissent. Non enim Græcis ea licentia permissa,

Nec data Romanis venia est indigna poetis.[z]

Fas erat duntaxat versum illum, qui parœmiacus dicitur, trochæo claudere. Eo usque non aliter continuari debebant anapæsti vel pares anapæsto pedes, ac si unicus esset versus. Quin et Seneca tragicus, ut scias eum de industria temperavisse, semel tantum atque iterum trochæo anapæstos clausit, nec nisi finita sententia: qui scilicet parœmiaci locus esset, nisi is scriptor nescio cur versum illum repudiasset. Veteres tamen Latinos minime aspernatos esse parœmiacum, sed et hic Græcorum vestigiis institisse scire dabitur ex istis reliquiis, iisque, ni fallor, solis. Attius *Phinidis:*

> Simul et circum magna sonantibus
> Excita saxis sæva sonando
> Crepitu clangente cachinnant.

[z] Hor. in *Arte Poet.* 264., ubi "*Et* data," &c.—" Hanc συνάφειαν," inquit Dawesius, in nostrum, ut solebat, sæviens, " in anapæsticis locum habere primus docuit, non jam, uti ipse ad Hor. Carm. iii. 12. 6. asseverat, Cl. Bentleius, sed Terentianus. Is utique pag. 58." &c. *Miscell. Crit.* p. 57. ed. Kidd. 1827., ubi plura. Dixerat enim Bentleius—"ut primus olim docui in Dissertatione ad Joannem Antiochenum Malelam, et postea multo fusius in scripto Anglico de Epistolis Phalaridis." [vide t. i. p. 190. et sqq.—D.]

Locus est apud Nonium in *Cachinnare*.[a] Sed nemo a me impetrabit, ut verba Attii sana esse concedam. Quorsum enim pertinent *magna sæva*, et *sonantibus sonando?* Peccaturus sum, uti spero, intra veniam, si parum prospere medicinam experior. Ex ipso fabulæ nomine magna suspicio est de Harpyiis verba fieri. Fallor itaque an sic legendum est?

> Simul et circum stagna sonantibus
> Excita saxis sæva Celæno
> Crepitu clangente cachinnat.

Illud *clangente* proprie et apte dictum est de Harpyiis.

Virgilius:

> At subitæ horrifico lapsu de montibus adsunt
> Harpyiæ, et magnis quatiunt *clangoribus* alas.[b]

Quin et *stagna* bene reposui, approbante ibidem Virgilio:

> Obscænas *pelagi* ferro fœdare volucres.[c]

Attius *Telepho:*

> Jamjam stupido Thessala somno
> Pectora languentque senentque.[d]

Id. *Eurysace:*

> Super Oceani stagna alta patris
> Terrarum anfracta revisam.[e]

Pacuvius *Niptris:*

> —— Operite, abscedite, jamjam
> Mittite: nam attrectatu et quassu
> Sævum amplificati' dolorem.[f]

Attius *Philocteta:*

> Heu quis salsis fluctibu' mandet
> Me ex sublimi vertice saxi?

[a cap. vi.—D.]   [b *Æn.* iii. 225.—D.]
[c *Æn.* iii. 241.—D.]
[d Apud Prisc. lib. x. p. 887. ed. Putsch.—D.]
[e Apud Non. Marcel. cap. iii. in v. *Anfractum.*—D.]
[f Apud Cic. *Tuscul.* ii. 20.—D.]

Jamjam absumor: conficit animum
Vis volneris, ulceris æstus.[g]

Idem apud Cic. 2. *Tuscul.*[h] " Unde ignis lucet mortalibus
clam divisus ? eum doctus Prometheus clepsisse dolo pœnasque Jovi fato expendisse supremo." Qui locus sic ad
anapæstos suos est reducendus :

Unde igneis cluet immortalibu'
Clam divis nimi' doctu'* Prometheus
Clepsisse dolo, pœnasque Jovi
Furti expendisse supremo.

Ut ad Porphyrium revertar; illud utique scire cupio, quo
auctore vir illustriss. ταυροδέτρῳ κραθεῖσα de congluti-
natione acceperit. Nam κραθεῖσα, nisi omnia me fallunt,
est *permixta* et *temperata*, non *conjuncta* et *compacta* : ταυ-
ρόδετρον autem, ut principio dixi, plane barbarum. Quin et
ταυρόδετος non alibi reperio ; neque vero intelligo, quî
commode dici poterit. Ut ἀλυσίδετος est ἀλύσει δεθεὶς,
κηρόδετος κηρῷ, et siqua sunt alia : sic et ταυρόδετος fuerit
ταύρῳ δεδεμένος, (*tauro compactus*, non *glutino taurino*).
Nam quis obsecro ταῦρον usurpavit ἀντὶ τῆς ταυροκόλλας ?
Demiror tamen unde illa in Porphyrii et Erotiani codices
irrepserint. Haud sane temere factum id videtur : itaque
hæret hæc res ; neque prompte expedire possum. Ne tamen
ἀσύμβολος huc veniam ; donec aliquid melius succurrit,
censeo ut ταυροδέτῳ de medio auferatur : (cum sine eo plena
sit sententia, τῷ κολληθεῖσα ἁρμὰς, ex Homerico isto, ut
videtur, adumbrata ;

Κολλητὰς δ' ἐπέθηκα θύρας πυκινῶς ἀραρυίας.[i]

Atque hoc pacto βάσις ista ἀναπαιστικὴ, versus videlicet
qui parœmiacum antecedit, monometrum erit acatalectum ;

<hr>

[g Apud Cic. *Tuscul.* ii. 7., ubi in ver. sec. " *animam.*"—D.]
[h c. 9. Hæc varie tentarunt viri docti: vide Davisium ad loc.; et Hermannum in *Elem. Doct. Met.* p. 246. ed. Glasg.—D.]
* *vel* catu' doctu'.
[i *Od.* xxiii. 194.—D.]

ut profecto plerumque est, et in hoc ipso quidem loco plus semel.) Cætera autem porro sic legantur :

"Ηκω ζαθέους ναοὺς προλιπὼν,
Οἷς αὐθιγενὴς τμηθεῖσα δοκοὺς
Στεγανὰς παρέχει Χαλύβων πελέκει,
Καὶ κολληθεῖσ᾿
᾿Ατρεκεῖς ἁρμὰς κυπάρισσος.[i]

Adsum a sanctis templis, validas
Quibus indigena est sueta cupressus
Prœbere trabes, cœsa securi
Chalybum, atque arctas
Compages glutine vincta.

Alibi nimis occupatum habuit animum ὁ πάνυ, cum illud δρῦς comminisceretur. Cur enim quercus vocaretur αὐθιγενής? quid? non alibi tam frequens quam in Creta nascebatur? Ego vero, ut primum oculis verbum illud agnovi, continuo deprehendi κυπάρισσος a poeta scriptum esse, non κυπαρίσσου. Eam enim illic memineram esse vere αὐθιγενῆ, et Creticam propterea appellari a Plutarcho :[j] ῾Η ᾿Ισθμικὴν πίτυν ἢ Κρητικὴν κυπάρισσον· sicut et Idæam a Nicandro :

Σπέρματα βουπλεύρου τε καὶ ᾿Ιδαίης κυπαρίσσου·[k]

et Virgilio :

Nec salici lotoque neque Idæis cyparissis.[l]

Plinius xvi. 33.[m] de cupresso loquens ; *Huic,* ait, *patria insula Creta, cum Cato Tarentinam eam appellet, credo quod*

[i Postremos tres versus sic exhibuit Matthiæus, Eurip. *Creten.* Frag. ii. ;
στεγανοὺς παρέχει Χαλύβῳ πελέκει,
καὶ ταυρόδετός γ᾿
ἀτρεκεῖς ἁρμοὺς κυπάρισσος.
Confer J. Scaligerum apud Fabr. *Bibl. Gr.* t. vi. p. 237.; Toupium, *Emend. in Suid.* (*Ep. Crit.*) t. ii. p. 549.; Tyrwhittum, *Not. in Toup.* t. iv. p. 426.; Porsonum, *Not. in Toup.* t. iv. p. 490.; Hermannum apud Lobeckium *De Morte Bacchi,* p. 11.; *Aglaoph.* t. i. p. 622.; Matthiæum ad loc.—D.]
[j *Conviv. Disp.* lib. i, quæst. 2.—*Mor.* t. iii. p. 341. ed. Wyttenb., ubi τὴν ᾿Ισθ. πίτ. ἢ τὴν Κρητ. κυπάριττον.—D.]
[k *Ther.* 586.—D.]   [l *Geor.* ii. 84.—D.]
[m t. ii. p. 24. ed. Hard. 1723.—D.]

primum eo venerit : et in Ænaria succisa regerminat. Simili
sane tralatione, quam Euripides Cretæ *indigenam* vocat, ei
patriam esse Cretam Plinius commemorat. Sed in ejus
verbis macula inest fœdissima, quanquam haud valde δυ-
σέκπλυτος. Quippe pro $\overline{E}aria$ non magna mutatione legendum est *Tarra*.[m] Siquidem interpretatur hæc Theophrasti
lib. 2. *Hist.* cap. 2.[n] Κυπάριττος δὲ παρὰ μὲν τοῖς ἄλλοις
ἀπὸ σπέρματος, ἐν Κρήτῃ δὲ καὶ ἀπὸ στελέχους, οἷον καὶ
ἀπὸ τῆς κουρᾶς ἐν Τάρρᾳ· παρὰ τούτοις γάρ ἐστιν ἡ κου-
ριζομένη κυπάριττος. Mihi quidem hoc certius est, quam
illa quæ apud Sagram. Sed quia difficulter hoc nonnullis
atque ægre persuaderi video, agedum ex Solino πειθανάγκην
admoveamus θετταλικὴν, ut contra siquis sentiat, nihil sentiat. Ejus verba sunt cap. xvii.[o] *Mira soli (Cretici)*
indulgentia : arborarii proventus abundantes : nam in hujus
tantum insulæ parte repullulant cæsæ cupressi. Prof̣ecto aut
Tarra in Plinio suo legit Solinus, aut Ænariam arbitratus
est partem esse Cretæ. Quamne antea cap. vii. in insulis
Italicis numeravit ? Oris esse ferrei oportet, qui hoc dixerit.
Quis autem credat cupressos in Ænaria sponte nasci ?
Ecquisnam isthuc memoriæ prodidit ? non magis mehercule
quam Batti silphion aut auriferas malos Hesperidum. Verum
ut ulterius progrediamur, etiam Solinum non̖ ab omni parte
sanum esse existimo. Valde enim suspicor ita scriptum esse
antiquitus : *Nam in Tarra hujus insulæ parte repullulant :*
vel, *in hujus tantum insulæ Tarra repullulant.* Nec enim
a vulgata lectione longe nimis abscedo : nec probabilem
causam reperire possum, cur abstineret eam *partem insulæ*
suo vocabulo nominare. Dicerem etiam, si animus esset
hariolari conjectura, similitudinem verborum Catoni im-
posuisse, cum cupressum Tarentinam appellaret. Siquidem
urbs Cretæ Τάρρα, Tarentum autem Τάρας vocatur. Lanam
quidem, et purpuram, mel, salem, oleam, ceram, porrum,

[m] Confer nostrum in Epist. ad Bernard. *Mus. Crit.* t. ii. p. 550. ; et Har-
duinum ad Plin. t. ii. p. 44. ed. 1723.—D.]

[n] Theoph. *Opp.* t. i. p. 46. ed. Schneid., ubi . . . ἀπὸ τοῦ στελέχους, οἷον τὸ
τῆς ὀρείας ἐν Τάρρᾳ.—D.]   [o] xi. p. 22. ed. Salm.—D.]

pectunculos, ostreas, nucem, castaneas, ficus Tarentinas animadverti fuisse in pretio : cupressum Tarentinam cedo mihi unum, qui supra cæteras laudaverit, præter Catonem. Verum hoc obiter, et magis joco dictum existima, quam quod in ea sim sententia. Jam quod Euripides istam arborem dicit firmissimas trabes templis præbuisse; firmat id adeo emendationem nostram : cum cupressum omnes uno ore testentur χρονιωτάτην esse atque ἀσαπεστάτην· et quod caput est, egregie præter cæteras in Deorum ædibus locum et honorem invenisse. Hermippus apud Athenæum :[p]

> ―――ἐκ δ' Αἰγύπτου τὰ κρεμαστὰ
> Ἱστία καὶ βύβλους, ἀπὸ δ' αὖ Συρίας λιβανωτόν.
> Ἡ δὲ καλὴ Κρήτη κυπάρισσον τοῖσι θεοῖσι.

Theophrastus *Hist.* v. et 5. τούτων δὲ χρονιώτατα δοκεῖ τὰ κυπαρίττινα εἶναι. τὸ γοῦν ἐν Ἐφέσῳ, ἐξ ὧν αἱ θύραι τοῦ νεὼ τεθησαυρισμέναι, τέσσαρας ἔκειντο γενεάς. μόνα δὲ καὶ στιλβηδόνα δέχεται. Fallor, an oratio hæc σολοικίζει? Quo enim illud τὸ referri possit? lego : τὰ γοῦν ἐν Ἐφέσῳ, ἐξ ὧν αἱ θύραι τοῦ νεὼ, τεθησαυρισμένα τέσσαρας ἔκειτο γενεάς.[q] Dicit materiem istam cupressinam per 4. sæcula sive cccc. annos, ex quo primum cæsa est, reconditam fuisse; priusquam ad valvas Ephesini templi adhiberetur : et tamen incorruptam duravisse. Ea Theophrasti sententia est. Profecto nihil hac emendatione certius et evidentius. Ausim equidem dejeráre non aliter legisse Plinium, siquidem ad hæc Theophrastea respexit, cum Ephesiæ dicat Dianæ templum *tota Asia exstruente quadringentis annis peractum esse;* et, *valvas esse e cupresso, et jam quadringentis prope annis durare materiem omnem novæ similem.*[r] Scilicet tunc fere materia cædi solet, cum ædificii fundamenta jaciuntur : valvæ autem tum demum fieri, cum cætera omnia perfecta sunt atque absoluta. Hac

---

[p Ep. lib. i. c. xlix. t. i. p. 104. ed. Schw., ubi in v. 3. κυπάριττον.—D.]

[q Sic et Schneiderus, nisi quod τοῦ νεωστὶ νεὼ et τέτταρας dedit. Theoph. *Opp.* t. i. p. 184.—Ed. Cant. *Epist. ad Mill.,* typographi errore ... τεθησαυρισμέναι τέσσ. ἔκειντο γεν.—D.]   [r xvi. 40. t. ii. p. 36. ed. Hard. 1723.—D.]

quidem argumentatione Plinius videtur usus : rectene an perperam, nulla mihi quæstio est in præsentia. Illud adeo admiror, eruditis viris, qui tantopere locum hunc exagitaverunt, nihil hujus omnino suboluisse. Sed εἷς ἀνὴρ οὐ πάνθ' ὁρᾷ. Porro etiam nostra ætate, ut referunt qui ea loca viserunt, tanta cupressorum vis est in Creta ; ut domorum omnium trabes contignationesque atque adeo navigia ex ea materie construantur.

Pag. 109. Περὶ ἧς (Φαίδρας) ὁ σοφώτατος Εὐριπίδης μετὰ ταῦτα συνεγράψατο δρᾶμα ποιητικῶς. Sine controversia respexit Malelas ad Euripidis *Hippolytum :* prioremne an posteriorem nec possumus resciscere, nec sane multum refert. Scimus utrumque salvum extitisse per diversa tempora Erotiani, Pollucis, et Stobæi. Quæ Stobæus ex *Hippolyto* citat, eorum ne dimidiam quidem partem hodie invenias. Frustra itidem quæras, quæ Erotianus affert et Pollux. Aristophanes *Ranis :*[q]

Τίς οἶδεν εἰ τὸ ζῆν μέν ἐστι κατθανεῖν,
Τὸ πνεῖν δὲ δειπνεῖν, καὶ τὸ[r] καθεύδειν κώδιον.

Ταῦτα,[s] ait Scholiastes, ἐξ Ἱππολύτου δράματος. Age quærat hoc, qui velit in investigando operam perdere. Verum aut librarii peccatum est, aut auctoris ἁμάρτημα μνημονικόν. Aliunde[t] enim cognoscimus tralata esse ἐκ Πολυίδου δράματος.

Τίς[u] δ' οἶδεν εἰ τὸ ζῆν μέν ἐστι κατθανεῖν,
Τὸ κατθανεῖν δὲ ζῆν.[v]

Hippolytus secundus qui hodie superest, Στεφανίας sive Στεφανηφόρος inscribitur : prior Καλυπτόμενος. Pollux ix. c. v.[w] Εὐριπίδης ἐν Ἱππολύτῳ καλυπτομένῳ ...... πρὸς ἵππων εὐθὺς ὁρμήσας στάσιν. Nec tamen omnino diversæ erant fabulæ, sicut *Iphigenia in Aulide* et *in Tauris, Œdipus*

[q v. 1473. ed. Bekk.—D.]   [r τὸ δέ. ibid.—D.]
[s τοῦτο. Schol.—D.]
[t Schol. in Eurip. *Hippol.* v. 190., t. v. p. 432. ed. Matt.—D.]
[u Τί. eds. *Epist. ad Mill.,* operarum, credo, errore.—D.]
[v Eurip. *Polyidi* Frag. vii. ed. Matt.—D.]   [w p. 1014. ed. Hemst.—D.]

Tyrannus et *in Colono, Prometheus Δεσμώτης* et *Λυόμενος.*
Vix, imo ne vix quidem hoc fieri potest, cum drama posterius rem omnem, uti gesta est, complectatur; ab eo tempore quo primum θεήλατον privigni amorem Phædra con-
ceperat, usque ad Hippolyti mortem : quædam etiam ex priore
citentur, quæ et in altero reperias. Quin mihi persuasissimum
est eam ob causam *Καλυπτόμενον* esse inscriptum ;[w] quod
in extrema fabula sic loquatur Hippolytus moribundus :

[[w] " Quantumvis autem Bentleius, cui hac in parte præiverat Gul. Can-
terus, sibi *persuasissimum* esse scribat, priorem Hippolytum eam ob causam
Καλυπτόμενον esse inscriptum; mihi tamen, pace viri his in litteris Maximi,
neque ea ratio satisfacit, neque etiam causa adparet, ob quam τὸν πρότερον
Ἱππόλυτον omnino censeremus inscriptum fuisse Καλυπτόμενον. Nam nihil
primum inest isti versui (1458. Κρύψον δέ μου πρόσωπον, ὡς τάχος, πέπλοις) cur
illinc petitum nomen inderent dramati; quum morem designet usitatissimum,
Tragicis sæpe commemoratum, quo cadavera tegebantur veste injecta, facies
præsertim deformata velabatur. Deinde si in utraque edit. Hippolyti, quod
statuisse videtur Bentleius, isti fuerint versus reperti, quæ tandem erat causa,
cur ob istos versus diversis utraque editio nominibus insigniretur? Tandem
nusquam apud Stobæum, nusquam alibi mentio fit Ἱππολύτου καλυπτομένου,
nisi in unico loco Pollucis, qui, verba quædam exhibens ex editione priori, cujus
laudem editio posterior, et emendata, Atticisque judicibus probata, prorsus
obscurasset, propterea, mea quidem sententia, dixerit Ἱππόλυτον καλυπτόμενον.
De Menandro Comico Quinctilianus (Instit. Orat. x. c. i. p. 899.) ' omnibus,
inquit, ejusdem operis auctoribus abstulit nomen, et fulgore quodam suæ clari-
tatis tenebras obduxit:' Græce diceretur πάντας ἀπέκρυψε, vel ἐκάλυψε· quorum
hoc rarius, illud frequenter in istum sensum teritur. Alia quædam ejusdem
Quinctiliani (ibid. p. 897.) hic adscribam, valde adposita: ' Correctas (Æschyli)
fabulas in certamen deferre posterioribus Poetis Atheniensis permisere, sunt-
que eo modo multi coronati.' Retractatum Hippolytum cum in certamen
detulisset (Olymp. lxxxvii. anno 4.) superatis Iophonte et Ione, victor renun-
ciatus fuit Euripides et coronatus: hoc vetus adnotatio testatur Hippolyto
præfixa (Ἐδιδάχθη ἐπὶ Ἀμείνονος ἄρχοντος, Ὀλυμπιάδι πζ', ἔτει τετάρτῳ, πρῶτος
Εὐριπίδης, δεύτερος Ἰοφῶν, τρίτος Ἴων). Hæc si non sola, præcipua certe fuisse
ratio videtur, propter quam posterior Hippolytus a Grammaticis Στεφανίας
inscriberetur et Στεφανηφόρος. et hujus quidem adpellationis quæ mihi, eadem
ratio fuisse videtur Brumœo (Dans son Théâtre des Grecs, t. ii. p. 135). Nec
prodit in scenam Hippolytus coronatus (v. 73.), sed manu gestans ex floribus
contextam coronam, quam imponeret Dianæ simulacro, quod egregie Musgravius animadvertit. Dici tamen etiam potuit ob pudicitiam admirabilem ipse
Hippolytus, ut corona dignus, sic ab Atticis fuisse judicibus coronatus; quo
fortasse respiciens Apollonius Philostrati (De Vita Apollon. Tyan. l. vi. c. iii.
p. 232.) de Timasione, Ψηφισώμεθα, ἔφη, ἐστεφανῶσθαι (στεφανοῦσθαι) αὐτὸν
ἐπὶ σωφροσύνῃ καὶ πρὸ Ἱππολύτου τοῦ Θησέως· ὁ μὲν γὰρ ἐς τὴν Ἀφροδίτην

Κεκαρτέρηται τἄμ'· ὅλωλα γὰρ, πάτερ·
Κρύψον δέ μου πρόσωπον, ὡς τάχος, πέπλοις.[x]

Proinde in utraque fabula comperiebantur hi versiculi.
Similiter et alteri Στεφανηφόρου nomen est inditum, propter
hæc verba Hippolyti non longe a principio :

Σοὶ τόνδε πλεκτὸν στέφανον ἐξ ἀκηράτου
Λειμῶνος, ὦ δέσποινα, κοσμήσας φέρω.[y]

Non igitur δρᾶμα novum erat Hippolytus Στεφανίας, sed
correctum duntaxat, atque interpolatum, διασκευὴ τοῦ προ-
τέρου. Vetus Grammaticus Argumento Hippolyti. Ἔστι
δὲ οὗτος ὁ Ἱππόλυτος δεύτερος καὶ Στεφανίας προσαγορευ-
όμενος· ἐμφαίνεται δὲ ὕστερος γεγραμμένος· τὸ γὰρ ἀπρε-
πὲς καὶ κατηγορίας ἄξιον ἐν τούτῳ διώρθωται τῷ δράματι.
Qui nescit quid sit διασκευὴ et διεσκευασμένον δρᾶμα,
consulere poterit Casaubonum ad Athenæum : ejus ego
scrinia non compilo ; sed Hesychii locum emendatum cu-
rabo, quem nec ille nec alius quisquam intellexisse videtur.
Λυδίζων, χορεύων διὰ τοὺς Λυδοὺς, οἳ σώζονται μὲν, διεσκευ-

ὕβρισε. Veneri contra quotidie sacra faciens Timasion, cetera pudicus instar
Hippolyti, frustra quoque fuerat a noverca sollicitatus. Timasionis, novercæ
quoque calumniis petiti, historiam attigit, similesque collegit Muretus (Var.
Lection. l. i. c. xii.) quibus plures adjungi possent." Valcken., *Præf. in Eurip.*
Hippol. p. xix.
  " Schol. [ad Theocr. Id. ii. v. 10.] . . . . Libri Vaticani, ἐν τῷ κατακα-
λυπτομένῳ Ἱππολύτῳ. Recte. Ejus fabulæ meminit Pollux, ix. 50. De ea
agit Cl. Bentleius in *Epist. ad Millium*, et doctissimus Valckenarius ad *Euripidis*
Hippolytum. Sed veram *tituli* rationem neuter adsecutus est. Ut Ἱππόλυτος
στεφανηφόρος caput *redimitus*, sic Ἱππόλυτος κατακαλυπτόμενος caput *obvolutus.*
Quod de Hippolyto *pudore suffuso* haud absimile est. Idem autem Κατακαλυ-
πτόμενος et Ἐγκαλυπτόμενος. Quo titulo fabulam suam insignivit Anthippus,
Comicus apud Athenæum, lib. ix. p. 403. Hæc est mea de hoc loco sententia.
Alia aliis placebat. Sed nostra verior et ad rem ipsam adcommodatior."
Toupius, *Curæ Post. in Theocr.* p. 7.
  " Καλυπτόμενος quid significet non satis convenit inter eruditos. Mihi
verisimillimum videtur, Hippolytum, postquam raptu equorum laceratus esset,
non vivum postea in scenam delatum esse, ut in superstite tragœdia, sed
mortuum et καλυπτόμενον." Musgravius ad *Hippol.* Καλυπτ. frag. — Confer
Monkium ad *Hippol.* Argum.—D.]
  [x v. 1455. ed. Monk.—D.]   [y v. 72. ed. Monk.—D.]

ασμένοι δ' εἰσίν.[y] Ita lege locum, cujus hæc est sententia:
Magnes veteris comœdiæ scriptor drama docuit *Λυδοὺς*, qui
tunc superfuerunt, quo tempore Grammaticus qui primus
hæc dixit in vivis fuit; sed sub incudem revocati, novaque
lima perpoliti. Photius Patriarcha: *Λυδιάζων, Λυδοὶ Μάγνητος τοῦ κωμικοῦ διεσκευάσθησαν*: lege ut apud Hesychium,
Λυδίζων. Castigandus etiam Suidas, qui *Λυδιάζων* habet
absque interpretatione.[z] Idem Hesychius: *Ψηνίζων, τοὺς
ψῆνας λέγει τοὺς τοῦ μάγνητος*: scribe *τοὺς Ψῆνας τοῦ
Μάγνητος.* Siquidem ille etiam fabulam *Ψῆνας* publicavit.
Aristophanes *Equitibus* :[a]

> *Ταῦτα μὲν εἰδὼς ἃ 'παθε Μάγνης ἅμα ταῖς πολιαῖς κα-
> τιούσαις,*
> *Ὃς πλεῖστα χορῶν τῶν ἀντιπάλων νίκης ἔστησε τρόπαια,*
> *Πάσας δ' ὑμῖν φωνὰς ἱεὶς, καὶ ψάλλων καὶ πτερυγίζων,*
> *Καὶ λυδίζων καὶ ψηνίζων καὶ βαπτόμενος βατραχείοις.*

His verbis Magnetis fabulæ *Βαρβιτίδες* sive *Βαρβιτισταὶ*,
Ὄρνιθες, Λυδοὶ, Ψῆνες, et *Βάτραχοι* indicantur. Cogita
autem, quî pax inter Hesychium Photiumque et Anonymum
περὶ κωμῳδίας conciliari possit: hic enim omnia Magnetis
scripta deperiisse dicit, *οὐδὲν σώζεσθαι.* *Μάγνης Ἀθηναῖος
ἀγωνισάμενος Ἀθήνησι νίκας ἔσχεν ια΄. τῶν δὲ δραμάτων
αὐτοῦ οὐδὲν σώζεται· τὰ δὲ ἐπιφερόμενά ἐστιν ἐννέα.*[b]

Non nostrum inter eos tantas componere lites.[c]

Pag. 148. *Ὁ γὰρ σοφὸς Εὐριπίδης δρᾶμα ἐξέθετο περὶ
τοῦ Κύκλωπος, ὅτι τρεῖς εἶχεν ὀφθαλμοὺς, σημαίνων τοὺς
τρεῖς ἀδελφοὺς*, et quæ deinceps sequuntur. Os hominis!
Hoccine ut Euripides vel in somniis dixerit? Bene factum,
quod etiam nunc *Cyclops* supersit. Quod si ita rem, prout
narrat Joannes, se habere comperias; non recuso quin, quod

[y Vulgo Λυδίζων, χωρεύων, διὰ τοὺς, κ. τ. λ.—D.]
[z Confer nostrum in Epist. ad Bernard., *Mus. Crit.* t. ii. p. 548.—D.]
[a v. 518. ed. Bekk., ubi Τοῦτο μὲν εἰδὼς ἄπαθε, κ. τ. λ.—D.]
[b *Proleg. ad Aristoph.* p. vii. ed. Bekk.—D.]
[c Virg. *Ecl.* iii. 108., ubi " . . . . inter *vos.*"—D.]

gravissimæ pœnæ loco fore putes, per omne vitæ tempus
noctes diesque versandi mihi sint et ediscendi adeo Annales
hi Volusiani,[c] Malelani volui dicere.

Pag. 210. Ὡς ὁ σοφὸς Εὐριπίδης δρᾶμα περὶ τοῦ αὐτοῦ
Μελεάγρου ἐξέθετο. Meleagri fabulæ mentionem faciunt
Macrobius, Stobæus, Scholiastes Pindari, cum åliis. Latine
convertit Attius. Hesychius : Καθωσίωσε, κατέλυσε, κατεύ-
θυσεν. Εὐριπίδης Μελεάγρῳ. Lego, Καθωσίωσε, κατέθυσε.
Vox altera non aliter quam litura sananda est.[d] Nempe
primo mendose scriptum est κατέλυσε· postea librarius aliquis paulo doctior vel lector quispiam studiosus, in libri
margine vel medio fortassis inter versiculos spatio veram
emendationem dederat κατέθυσε. Tandem evenit, ut utrumque vocabulum conjuncte in versu contexteque scriberetur.
Hac sane ratione cum in aliis scriptoribus, tum in lexi-
cographis præcipue non raro peccatum est. Quæ quidem
peccata cum haud cujusvis sit odorari; profecto opus est,
ut exemplis aliquot confirmemus sententiam nostram, ne
temere quidquam et inconsulte loco movisse videamur.
Ἔξελεν, ἔβαλεν, ἔλαβεν. Ejiciendum est verbum posterius :
ζέλλειν enim eidem Hesychio est βάλλειν. Εὐηρότατον,
εὔδιον, καλὴ γῆ, εὐήροτον, εὔγειον. Postrema ista ab emendatore quodam profecta sunt; qui prima vitiosa non inepte
quidem correxerat. Totus itaque locus sic constituendus
est : Εὐήροτον, εὔγειον, καλὴ γῆ.[e] † Φυρτοῖσιν, εἰκαίοις,
συμπεφυραμένοις. οἱ δὲ ἄλφιτα οἴνῳ δεδευμένα συμπεφυρμένοις. Tam scio verbum ultimum a correctore quodam
esse, quam me vivere. Nulla dubitatio est, quin ita scripserit Hesychius : Φυρτοῖσιν, εἰκαίοις, συμπεφυρμένοις. οἱ δὲ
ἄλφιτα οἴνῳ δεδευμένα. † Ἀντιδι. ἄν τινι ἐνέγμεθα, ἐναντιώμεθα. Cum vocabulum hoc veniat pone Ἀντιμισθωτὸς,
scire licet ex literarum serie sic auctorem scripsisse : Ἀντι-

---

[c] Vide Catull. Carm. xxxvi. ed Doer.—D.]

[d] Confer nostrum in Epist. ad Bernard., *Mus. Crit.* t. ii. p. 548. Nil mutandum censet Toupius, *Emend. in Hesych.* t. iii. p. 467, 531.—D.]

[e] Confer nostrum in Addendis, et in Epist. ad Bernard., *Mus. Crit.* t. ii.
p. 548.—D.]

νιενέγμεθα, ἐναντιώμεθα. Postea quidam, qui deprehendit erratum, supra emendavit ad hoc exemplum, scriptionis ἀντιδι compendium faciens: ἀντινιενέγμεθα. Scimus omnes ita fieri solere. Tandem autem ineptus quispiam librarius eam utriusque vocis continuationem fecit, quam hodie videmus.[f] Ἐκλύτρισον, ἐκλύρισον, κάλυψον. Illud ἐκλύρισον ex eadem est officina correctorum. Scripsit Hesychius Ἐκλύτρισον, κάλυψον· ut ipse literarum ordo testimonio est.[g] Media enim incedunt inter Ἔκλυτος et Ἐκλωπίζει. Hoc non intelligens pusillus quidam criticus (qui enim id intellexerit, quod ne fando quidem unquam auditum est?) emendare conatus est ἐκλύρισον, a verbo λυρίζω: ὄνος mehercule πρὸς λύραν. Tantum enim τὸ ἐκλυρίζειν et τὸ καλύπτειν significatione differunt,

Quantum Hypanis Veneto distat ab Eridano.[h]

Alte profecto latet ulcus tetrum et κακοηθέστατον· quod nisi lancinata prius Hesychii existimatione, negat ad sanitatem perduci posse. Siquidem erubescendo prorsus errore posuit Ἐκλύτρισον pro Ἐλύτρωσον· quod rectissime quidem interpreteris κάλυψον. Ipse Hesychius: Ἐλύτροις,[i] ΚΑΛΥΜ-ΜΑΣΙ, σκεπάσμασιν. Ἔλυτρα, κυρίως τὰ ἐνειλήματα ἢ ΚΑΛΥΜΜΑΤΑ. Ἔλυτρον, δέρμα, θήκη, λέπυρον, ἐνείλημα, ΚΑΛΥΜΜΑ, σκέπασμα. Inde ἐλυτρῶσθαι apud Hippocratem, et προσελυτροῦν apud Athenæum, involucro tegere: similiter ἐξελυτρῶσαι, nudare, ex integumentis solvere. Hesych. Ἐξελύτρωσας, ἐγύμνωσας. Satin' hoc certum et exploratum est, ὦ φίλη κεφάλη, Milli jucundissime? At enimvero exclamet hic aliquis, O juvenem confidentem et temerarium! tune illum Hesychium, doctissimum gram-

---

[f] Confer nostrum in Addendis, et in Epist. ad Bernard., *Mus. Crit.* t. ii. p. 549.: vide etiam omnino Schowium *ad Hesych. Suppl.* p. 102.—Ἀντιηνέγμεθα, διηνέγμεθα, ἐναντιώμεθα. Toupius, *Emend. in Hesych.* t. iii. p. 558.—D.]

[g] Ἐκλύτρωσον, ἐκκάλυψον. Toupius, *Emend. in Hesych.* t. iii. p. 431.—D.]

[h] Propert. i. 12. 4., ubi vulgo . . . " *dissidet* Eridano."—" Pro *dissidet* in Voss. quarto *distat ab E.*, quæ alterius verbi glossa est." Burm. ad loc.—D.]

[i] Vulgo Ἐνλύστροις.—D.]

maticorum Hesychium tantæ inscitiæ affinem esse suspicari ausis, ut Ἐκλύτρισον scriberet; nisi verbum illud alicubi legisset, apud auctores forte quos longa dies et nimia vetustas subtraxerunt notitiæ nostræ? I jam et frontem nega de rebus periisse.ʲ Placide tamen amabo, O quisquis es: et reprime te tantisper, dum alia nonnulla profero, quæ te quoque ipsum velis nolis in sententiam nostram cogent transire. Dum enim ex antiquis Scholiastis, Grammaticis, Lexicis, quæ non contexebantur κατὰ στοιχεῖον, omni ex parte vocabula corradit, quibus hanc suam Συναγωγὴν locupletet et referciat; sæpe usu venit ut ab imperitis librariis, qui parum accurate scripserant, vel a sui similibus ὀνοματοθήραις in errorem inductus sit; quæque nusquam gentium vel lecta vel audita sunt, lectoribus suis obtrudat. Illud sis vide. † Δελεδώνη, ὁ μυλαῖος ἰχθύς. Suo loco hoc leges in litera Δ. Ego vero nugas has esse meras tibi denuncio: scriptum enim oportuit Ἐλεδώνη, ὀσμύλος ἰχθύς. Piscis est de polypodum genere; quem memorant Aristoteles, Athenæus, alii. Idem Hesychius: Ὀσμύλια, τῶν πολυπόδων αἱ ὄζαιναι λεγόμεναι, καὶ ἰχθύδια ποιὰ ἄττα εὐτελῆ.ᵏ Ὀσμύλαι, βολβιτῖναι θαλάσσιοι.ˡ Sic emendandi sunt hi loci. Videor autem mihi videre, quid errationis ansam Hesychio dederit. Nimirum in auctore suo scriptum erat ἡ δ᾽ ἐλεδώνη vel μιαρὰ δ᾽ ἐλεδώνη, vel simile quippiam: ille miser, cum sua ætate libri carerent signis accentus, δελεδώνην piscem effinxit, qualem neque Nereus, neque Neptunus, nec ipse pater Oceanus agnoverit. Ecce aliud huic geminum et germanum. † Θολκάζει, χαλιναγωγεῖ. Nemo, ut opinor, inficias iverit, quin ita scriptum fuerit, absque tamen notis accentus: Ἵππους θ᾽ ὀλκάζει, vel Νῆάς θ᾽ ὀλκάζει. Ipse Hesychius: Ὀλκάζει, ἕλκει, χαλιναγωγεῖ. Illud autem θολκάζει cedo quenquam mortalium qui legerit. † Ἐνδεκάτευσα, τήνδε κώπην ἐπαρξάμην. Recta serie hoc scriptum offendes, ut et alia quæ deinceps a me proferentur:

[ʲ Vide Pers. *Sat.* V. 103.—D.]
[ᵏ Vulgo Ὀσμ. τ. π. αἱ ὀξέναι . . . . ἀλλ᾽ εὐτ.—D.]
[ˡ Vulgo Ὀσμύναι, βολβητῖναι θαλ.—D.]

quod certo indicio est non a librario, sed ab Hesychio ipso
peccatum esse. Atqui ad hunc modum edidisse debuit:
Ἐδεκάτευσα, τὴν δεκάτην ἐπραξάμην. † Διατεύονται, μερί-
ζονται. et Διατεύοντο, ἐμερίζοντο. Ea similitudo est δ et δι
in libris calamo notatis, ut haud facile sit dignoscere. Inde
est quod mendosa ea posuerit pro Δατέονται et Δατέοντο,
quæ legas apud Homerum.[m] † Σικυλλιᾶν, τὸ τοὺς κροσσοὺς
ἀποσείεσθαι. Verbum hoc reperies inter Σίβολε et Σιβύνη.
Ipse literarum ordo satis argumento est ab Hesychio posi-
tum esse Σιβυλλιᾶν. idque errore manifesto pro Σιλλυβιᾶν.
Hesychius : Σίλλυβα,[n] κροσσοί. οἱ δὲ τὰ ἀνθέμια καὶ κορο-
κόσμια. Pollux vii. c. xiv. :[o] Τοὺς δὲ θυσάνους καὶ σίλλυβα
οἱ παλαιοὶ καλοῦσι ποιηταί. Sic locus iste legendus est ex
codice MS. qui fuit Is. Vossii. Θύσανοι autem cum Polluci
tum Hesychio sunt κροσσοί. † Ἐρεθέντα, ἐν ὕδατι ἀπο-
πνιγέντα. Ἐραθέντι, ληφθέντι. Portentosi errores. Primo,
oportuit scriptum Ἐρχθέντα. Ipse enim alibi : Ἐρχθέντα,
ἐν ὕδατι πνιγέντα. Ita Photius Patriarcha in Lexico MS.
Ita Suidas. Locus est in Φ. Iliadis :[p]

Νῦν δέ με λευγαλέῳ πότμῳ εἵμαρτο ἀλῶναι,
Ἐρχθέντ᾽ ἐν μεγάλῳ ποταμῷ, ὡς παῖδα συφορβὸν,
Ὅν ῥά τ᾽ ἔναυλος ἀποέρσει χειμῶνι περῶντα.

Iterum, illud Ἐραθέντι librarii peccatum est pro Ἐρεθέντι.
Constat hoc ex elementorum ordine. Qui quidem est error
auctoris, pro Αἱρεθέντι. Αι et Ε apud Græcos non differunt
pronunciatione; de qua re postea plura dicemus. Ecce alia
monstra : † Ἐπαλογῆς, σπουδῆς, ἀνταποδόσεως. Quam tur-
piter autem hic se dedit! adeo quidem ut hominis me
pudeat pigeatque. Siquidem Ἀνταποδόσεως est ἐπαλλαγῆς,
et Σπουδῆς est ἐπειγωλῆς· putidum autem suum ἐπαλογῆς
Ipse habeat secum servetque sepulchro. [q] † Ἀχινάων, τῶν

---

[m] *Il.* xviii. 264., xx. 394.—D.]   [n] Vulgo Σίλλυμα.—D.]
[o] p. 733. ed. Hemst.—D.]
[p] v. 281., ubi . . . . λευγαλέῳ θανάτῳ.—D.]
[q] Virg. *Æn.* iv. 29., ubi . . . . " *ille* habeat," &c.—D.]

ἀχιδάων. Hercules, tuam fidem! enimvero non ab omnibus portentis Græciam liberasti. Erat hominis eruditi sic edidisse: Ἐχινάων, τῶν Ἐχινάδων. Verbi sedes in Homeri Bœotia est;

Οἳ δ᾽ ἐκ Δουλιχίοιο, Ἐχινάων θ᾽ ἱεράων.[r]

† Ἠθέσει, ἀνθεῖ, ἀγνοεῖ, παρορᾷ. Adeste huc conjectores et interpretes portentorum. Negant usquam quidquam monstrosius vidisse. Scilicet hæc vera scriptura est, Ἀηθέσσει, ἀηθεῖ. Etymologicon Magnum: Ἀηθέσσειν, ἀγνοεῖν, ἀπείρως ἔχειν. Ἀηθεῖν, λανθάνειν, ἀνεπιστημονεῖν. Hesychius ipse: Ἀήθειν, μὴ ἠθεῖσθαι, μὴ νοεῖν. lege ἀηθεῖν, μὴ εἰθίσθαι. Ἀήθεσκον, (lege ἀήθεσσον) ἀσυνήθεις ἦσαν. † Ἐλεντὺν, ἔλαιον. Mira vero Grammatici eruditio. Poteras haud paulo melius, Ἐλεητὺν, ἔλεον; siquidem Homerici illius meminisses:

Οὐκ ὄπιδα φρονέοντες ἐνὶ φρεσὶν οὐδ᾽ ἐλεητύν.[s]

† Ἀτρεμῆ, ὑγεία. Pace quod tua dicatur, Hesychi, in his verbis οὐδὲν ὑγιές. Imposuit tibi depravatus aliquis codex: oportuit enim Ἀρτεμῆ, ὑγιᾶ. Te ipsum arbitrum capio, qui hæc alibi: Ἀρτεμῆ, σῶον, ὑγιᾶ, σώφρονα. Ἀρτεμέα, ὑγεία, (lege ὑγιᾶ) ὑγιῆ. Ἀρτελὲς, (corrige Ἀρτεμὲς) ὑγιές. Necdum peccandi finis: ecce enim de integro: † Ἀρτηνεστέραν, ὑγιεστέραν, ἐντιμοτέραν. Duplex erratum est, hoc librarii, illud auctoris. Apparet enim cum ex ordine, tum ex interpretatione, non aliter scripsisse Hesychium quam Ἀρτιμεστέραν· nempe vel scripturæ mendum, vel minutæ fugientesve literæ, vel nimia festinatio in causa fuit, cur illud exhiberet pro Ἀρτεμεστέραν. Cum autem Ἀρτιμεστέραν non multum absimile sit τῷ Τιμηεστέραν· ille secundam interpretationem liberalissime donavit de suo; prout error errorem generare solet. † Ἀτισιλινοῖς, περὶ τὰ λινὰ ἐξαμμάτων

[r] *Il.* ii. 625.—Confer nostrum in Epist. ad Bernard., *Mus. Crit.* t. ii. p. 549. —D.]

[s] *Odyss.* xiv. 82.—D.]

δέσεσιν. Dic sodes, annon ænigma tibi videntur hæc ? Equidem non sum Œdipus : ausim tamen pro certo polliceri, rectam scripturam esse ʿΑψῖσι λίνου. Hesychius alibi : ʿΑψῖσι λίνου, ἄμμασιν ἀπὸ τῆς συναφῆς. Homerus quinto Iliadis :[t]

Μήπως, ὡς ἀψῖσι λίνου ἁλόντε πανάγρου,
Ἀνδράσι δυσμενέεσσιν ἕλωρ καὶ κύρμα γένησθε.

Quid ego de istis dicam, quæ pagella proxima mihi in oculos incurrunt ? † ʾΑριστῆραι, δοῦλαι. Deceptus est similitudine literarum Α et Δ. Siquidem oportuit Δριστῆραι. Ipse alio loco : Δρηστῆναι, διάκονοι, θεράπαιναι. lege Δρηστῆραι. Verbo monendum est ῑ, εῑ, et η in Lexicis, præsertim apud hunc nostrum, promiscue usurpari : vera enim analogia requirit, ut Δρήστειραι scribamus. Locus est Odyss. T.[u]

Τάων, αἵ τοι δῶμα κάτα δρήστειραι ἔασιν.

Vide tamen, ut magnifice de se loquatur ad familiarem suum Eulogium. Οὐ γὰρ, ait, ὀκνήσω μετὰ παρρησίας εἰπεῖν, ὅτι τῶν Ἀριστάρχου καὶ Ἀπίωνος καὶ Ἡλιοδώρου λέξεων εὐπορήσας, καὶ τὰ βιβλία προσθεὶς Διογενιανοῦ, ὃ πρῶτον καὶ μέγιστον ὑπάρχει πλεονέκτημα, ταῦτα δ᾽ αὐτὸς ἰδίᾳ χειρὶ γράφων ἐγὼ μετὰ πάσης ὀρθότητος καὶ ἀκριβεστάτης γραφῆς κατὰ τὸν γραμματικὸν Ἡρωδιανόν. Ego vero, qui Theodosii MS[tam] Ἐπιτομὴν τῆς Καθόλου Herodiani lectitavi, testificor parum huic promisso vel nullo modo satisfactum esse. † ʾΑρήσθορεν, ἐπήδησεν. Vitiosius hoc quidem, quam illud alterum Ἀρέσθορεν, ἐπήδησεν. Sed ex utraque parte ostendit, non lautissimam doctrinæ supellectilem sibi domi fuisse. Quæ enim hæc conglutinatio verborum, quæ dissolvi denuo divellique desiderant ? Hom. Iliadis M.[v]

――――― ὁ δ᾽ ἄρ᾽ ἔσθορε φαίδιμος Ἕκτωρ,
Νυκτὶ θοῇ ἀτάλαντος ὑπώπια.

[t] " In Homéro Il. E. 487. legisse videtur Hesychius ἀψῖσι λίνοιο, quomodo constaret metrum.—N. B. λίνου πανάγροιο Γαλόντες Bentleius, unice probante Heynio, qui ait ἁλόντες aliquoties citari apud Eustathium." Dobræus, Advers. t. ii. p. 364.—D.]

[u] v. 345.—D.]   [v] v. 462.—D.]

Ἀρενοβοσκὸς, προβατοβοσκός. Mirifice quidem, ut nihil supra. Atqui ἀρὴν ἀρῆνος, puto, dicitur, non ἀρένος· unde πολύρρηνες, et ὄϊς ὑπόρρηνος. Imo, quin iambei principium fuerit apud Sophoclem Ἀρηνοβοσκὸς . . . ne dubitandum est quidem. Melius ipse alibi: Ἀρηνοβοσκὸς, προβατοβοσκὸς, Σοφοκλῆς Τυροῖ καὶ γράφεται δὲ ἐρρηνοβοσκὸς διά τε τοῦ * ἔω καὶ τῶν βόρων. Verum hic quidem locus a librario pessime acceptus est : ipse auctor procul abest a noxa. Lege Σοφοκλῆς Τυροῖ β̄. γράφεται δὲ καὶ ἐρρηνοβοσκὸς διά τε τοῦ ε̄ καὶ τῶν β̄ ῥῶν. Scribitur, ait, ἐρρηνοβοσκὸς per literam ε̄, et duplicem ῥ.[w] Etymologicum Magnum : Ἐρρηνοβοσκὸς, ὁ προβατοβοσκὸς, ἐν Τυροῖ β̄ Σοφοκλῆς. † Ἐμπήρους et Ἔμπηροι vitium exemplaris est pro Ἐμμήρους et Ἔμμηροι. Ipse alibi emendate : Ἐμμήρους, ἐν ὁμηρείᾳ ὄντας, παρὰ τοὺς ὁμήρους τοὺς ἐπὶ συμβάσει διδομένους. Totus autem locus ad hunc modum constituendus est : Ἐμμήρους, Δημήτριος ἐν Σικελίᾳ·

Λακεδαιμόνιοί θ'[x] ἡμῶν τὰ τείχη κατέβαλον,
Καὶ τὰς τριήρεις ἔλαβον ἐμμήρους,[y] ὅπως
Μηκέτι θαλαττοκρατοῖντο Πελοποννήσιοι.

Demetrius iste comicus fuit; et illa fabula inscripta est Sicilia. Quare perperam hactenus judicarunt viri docti, qui scriptorem eum historicum, orationem autem prosaicam esse censuerunt. Athenæus lib. 3.[z] Δημήτριος ὁ κωμῳδοποιὸς ἐν τῷ ἐπιγραφομένῳ δράματι Σικελίᾳ. Etymologici auctor Σικελοὺς inscribit, non Σικελίαν eum vide in Ἐμμήρους. † Χωρονομεῖν, ὀργίζεσθαι. Oportet ut conniventibus oculis hæc legerit Hesychius. Ego quidem meis vix fidem habeo, cum ista lego. Proculdubio sic scriptum est a prima manu: Χειρονομεῖν, ὀρχεῖσθαι. Ipse alibi: Χειρονόμος, ὀρχηστής. Manuum iste motus cum certa lege et numero bonam partem saltationis olim constituebat. Plena sunt exemplorum omnia. Lucretius :[a]

[w] Confer Brunck. Lex. Soph. in v. Ἐρηνοβ., et Schowium ad Hesych. Suppl. p. 136.—D.]

[x] Vulgo μεθ' ἡμῶν.—D.]   [y] Vulgo ἐμπήρους.—D.]

[z] c. lxxiii. t. i. p. 422. ed. Schw.—D.]   [a] iv. 772, 789.—D.]

Quod superest, non est mirum, simulacra moveri,
Brachiaque in numerum jactare, et cætera membra.

Et postea :

Quid porro, in numerum procedere quum simulacra
Cernimus in somnis, et mollia membra movere ;
Mollia mobiliter quum alternis brachia mittunt.

† Κάλυψιν, κάλυκα ἀντιστρόφως. Medium hoc verbum est
inter Καλυδώνιον et Κάλυκας. Agnosco manum et ingenium correctoris : qui videlicet, cum in Hesychio suo
legerat Κάλυψιν, κάλυκα, idque animadverterat extra seriem
et præpostere poni, adscripserat in margine e regione loci
Ἀντιστρόφως ; nempe vice versa legi oportere Κάλυκα,
κάλυψιν. Postea illud ἀντιστρόφως per inscitiam librariorum insinuavit se in versum. Quis hujus rei ante nos
suspicionem habuit ? Quin et alibi post vocem Προσ-
βάλλοιντο, quæ et ipsa vitiosa est, hæc leges : Προσελθὼν,
προσβαλὼν ἐξ ἀντιστρόφως. Dele hoc novissimum, quod
nimirum ab emendatore est, qui adnotaverat legendum esse
e converso Προσβαλὼν, προσελθών. Quo nihil verius dici
potuisse censeo : sed in altero, quicunque fuit, longissime a
vero abfuit. Profecto plus toto cœlo distant Κάλυξ et
Κάλυψις. Ego vero pro explorato prorsus habeo sic scriptum esse ab Hesychio ; Κάλυζιν, κάλυκα· nempe depravate
loco Κάλυξιν· ζ pro ξ· quem errorem millies erravisse eum,
si hic locus esset, nunc possem ostendere. Quam recte
autem Κάλυξιν interpretetur κάλυκα, melius est ut ipsum ad
testimonium vocemus : Καλύξεις, ῥόδων καλύκια. Κάλυξις,
κόσμος τις ἐκ ῥόδων. Habeo alia sexcenta, quæ hac vice
condonabitur. Verum hercle si unquam usus fuerit, ut nova
Hesychii editio procuretur ; qui, ut in pudendos errores
crebro inciderit, utilissimus nihilominus et pene necessarius
est omnibus, qui ad veram eruditionem viam affectant ;

Id tibi de plano possum promittere, Milli,[b]

[b] Lucret. i. 412.
" *Hoc* tibi de plano possum promittere, *Memmi.*" D.]

quinque plus minus millia mendorum me correcturum esse, si libuerit; quæ aliorum εὐστοχίαν et laboriosam diligentiam hactenus eluserunt.[c] Ut illuc, unde abii, redeam : multos ubique lexicorum locos contaminaverunt correctiones illæ in librorum marginibus : quod ex illo tempore verbum mendosum cum altero junctim continuaretur in versu; non uti factum oportuit, litura tolleretur. Luculentum hujus rei exemplum extat apud Julium Pollucem lib. vii. cap. xxxiii.,[d] ubi inter varia nomina jactuum in ludo talario nominantur ἄρτια et ἁρματίαι, ἀντίτευχος et ἀντίτυπος, ἐπιφένων et ἐπιφόρων. Sed ex hisce binis non nisi singula quæque a Polluce profecta sunt : cætera qua dixi via insinuarunt se in orationem. Cui quidem sententiæ non invitus accedet, qui jam primum a me didicerit iambicos esse trimetros ex Eubuli fabula *Aleatoribus*. Locus hoc exemplo constituendus est. Ὁ μέν τοι Μίδας καὶ τῶν μέσων βόλων ἦν. Καὶ ἄλλοι δὲ πολλοί εἰσιν, οὓς ὀνομάζει Εὔβουλος ἐν τοῖς Κυβευταῖς·

Κεντρωτὸς, ἱερὸς, ἄρμ᾽ ὑπερβάλλον πόδας,
Κήρυνος, εὐδαίμων, κυνῶτος, ἄρτια,
Λάκωνες, ἀντίτευχος, ἀργεῖος, δάκνων,

[c] " Sed magni illi viri [Scaliger, Casaubonus, Salmasius, &c.] quæ sentirent, palam dicere non audebant, sive Grammatici auctoritate deterriti, sive clamoribus semidoctorum, semper obstrepentium doctioribus, nec satis æquo animo ferentium, ipsum Hesychium in ordinem cogi. Ad hanc rem proferendam demonstrandamque opus erat docta Richardi Bentleii audacia, quæ, si unquam alias, hic certe bonis literis plus profuit, quam iners et superstitiosa multorum, qui Critici dici haberique volunt, religio. Is igitur servili credulitatis jugo excusso, edidit illam ad J. Millium *Epistolam*, mirabile ingenii et doctrinæ monimentum, quale proficisci non poterat, nisi a principe seculi sui Criticorum. In hac ille epistola cum alia docuit, quæ plerisque eruditis, nec vigilantibus, nec somniantibus, in mentem venissent, tum Hesychium, cui satis diuturna peccatorum impunitas obtigisset, ad severum Critices tribunal citavit. Hanc autem accusationem tanta vi argumentorum, tantis testimoniorum copiis instruxit, ut ne obtrectatores quidem illius, invidia partiumque studiis æstuantes, quos plurimos nactus erat, in hac etiam Academia, contra hiscere, aut Hesychii patrocinium suscipere, auderent."—Verba vides magni Ruhnkenii in Præf. ad Hesychii Albertiani tomum alterum.—D.]

[d] p. 843. ed. Hemst., quem vide ad loc.—D.]

Τιμόκριτος, ἐλλείπων, πυαλίτης, ἐπίθετος,
Σφάλλων, ἀγύρτης, οἶστρος, ἀνακάμπτων, δορεὺς,
Λάμπων, κύκλωπες, ἐπιφέρων, σόλων, σίμων.

Horum autem versuum ignoratione tota via erravit Joannes Meursius, qui eos omnes inter jactus medios recenset. Nempe non Eubuli esse verba, sed Pollucis: et quia Midas esset *τῶν μέσων βόλων,* itidem et sequentes esse arbitratus est. Sed parum est dubitationis, quin boni fuerint *εὐδαίμων* et *ἄρμ' ὑπερβάλλον πόδας,* qui nimirum aliis jactibus tanto anteiret, quanto qui pedibus iter faceret, a curru vinceretur; *πεζὸς,* ut aiunt, *ὀδεύων παρὰ Λύδιον ἄρμα.*[d] *Δάκνων* autem et *σφάλλων* et *ἐλλείπων* merito opinor suo pro infelicibus haberi possunt. Sed ad Antiochensem redeo: nam sero sensi longe longeque declinasse me a proposito,

Singula dum capti circumvectamur amore.[e]

Pag. 172. [174.] *Καθὼς ὁ σοφώτατος Εὐριπίδης ἐξέθετο δρᾶμα ποιητικῶς, ὧν μέρος ὀλίγον ἐστὶ ταῦτα.* Multa quidem transcripsit Malelas ex *Iphigenia in Tauris;* quæ ex usu fuerit ad Euripidea exigere, quo de ejus doctrina et fide cognoscamus: si quis ilia tam dura habeat, ut eam molestiam devorare possit. Mihi enim, qui jam lentus et fastidiosus esse cœpi, dabis veniam, si pluria rejiciens et aspernans, unumquidquid quod erit bellissimum carpsero. Velut illud p. 172. in Oraculo: *Εἰ μὴ περάσας Πόντου κύματα, Σκυθίης τε γαῖαν καταλάβοις, Αὐλίδος τε χώραν.* et 173. *κατέφθασεν ἐπὶ τὴν Αὐλίδα, χώραν τῆς Σκυθίας.* Male vero sit vobis quantum est geographorum. Rogo vos, an Scythicam illam Aulidem silentio prætermissam oportuit? quid? an ultra Cimmeriorum fines latitabat *ἠέρι καὶ νεφέλη κεκαλυμμένη,*[f] adeo ut nemo vestrum usque eo potuerit oculis contendere? Euge vero, ὦ *Ἰωαννίδιον·* profecto aptus natus es ad omnia abdita

[d Vide Erasmi *Adag.* p. 481. ed. 1606.—D.]
[e Virg. *Georg.* iii. 285.—D.]
[f *Ἔνθα δὲ Κιμμερίων ἀνδρῶν δῆμός τε πόλις τε,*
   Ἠέρι καὶ νεφέλη κεκαλυμμένοι. Hom. *Od.* xi. 14.—D.]

et retrusa contemplanda : tam acri es acie et mentis et oculorum.

Sed tamen amoto quæramus seria ludo.[g]

Geminam *Iphigeniam* etiam pueri sciunt Euripidem docuisse, τὴν ἐν Ταύροις et τὴν ἐν Αὐλίδι. Joannes, cum Tauros esse Scythas ab aliquo didicisset, etiam Aulidem, quæ Bœotiæ oppidum est, regionem iis finitimam esse arbitratus est. P. 173. Τούτους δὲ ἑωρακότες βουκόλοι, ἔδραμον πρὸς τὴν Ἰφιγένειαν, λέγοντες αὐτῇ· Ἀγαμέμνονος καὶ Κλυταιμνήστρας κόρη, ἥκασι δύο νεανίσκοι παρὰ τὴν κυανέαν· quæ ex his Euripideis[h] expressa sunt :

Βουκ. Ἀγαμέμνονος, παῖ, καὶ Κλυταιμνήστρας κόρη,[i]
　　　Ἄκουε καινῶν ἐξ ἐμοῦ κηρυγμάτων.
Ἰφ. Τί δ᾽ ἐστι τοῦ παρόντος ἐκπλῆσσον λόγου;
Βουκ. Ἥκουσιν εἰς γῆν Κυανεᾶν συμπληγάδων
　　　Πλάτῃ φυγόντες δίπτυχοι νεανίαι.

Vides Antiochensem hunc ita ἐπαριστέρως accepisse sententiam Euripidis ; tanquam si εἰς γῆν Κυανέαν conjunctim dixisset. Vos iterum appello de terra hac Cyanea ; vos qui geographiæ magistros vos pollicemini. Quid autem mussitatis ? nam Joannem ea loca convisisse Cedrenus affirmat, prorsus οἴκοθεν ὁ μάρτυς. Damno itaque stultitiam meam, qui Κυανεᾶν cum συμπληγάδων componebam hactenus. Atque hercle vero serio, nequid dissimulem, non placet iste locus : neque enim video cur ii bubulci sermone Dorico uterentur. Quid, malum, an Siculos se esse somniabant, non Tauro-Scythas ?

Δωρίσδεν δ᾽ ἔξεστι, δοκῶ, τοῖς Δωριέεσσιν.[j]

Atqui[k] quantumvis essent Dorienses, si πλατειάσδοισαν suam dialecton extra chorum adhibuissent, rus continuo vel in

---

[g Hor. *Serm.* I. 1. 27.—D.]
[h *Iph. in Taur.* v. 238. ed. Markl.—v. 228. ed. Matt.—D.]
[i τέκνον. Eurip. edd. omnes.—D.]
[j Theoc. *Idyl.* xv. 93.—D.]
[k Vide Valcken. ad Eurip. *Phœn.* v. 11.—D.]

ultimas terras mandati essent non sine infortunio. Sciunt id qui harum literarum gustum aliquem habent. Adde orationem solœcam esse; ut quidem nunc habetur: sed certe, si pro sano locutus est, sic scripsit Euripides:

> Ἥκουσιν εἰς γῆν, κυανέας συμπληγάδας
> Πλάτῃ φυγόντες δίπτυχοι νεανίαι.

aut, si illud Κυανέαν antiquitatis causa servare velis, quandoquidem qua vixit Malelas tempestate jam in libris inveteraverat; in hunc modum:

> Ἥκουσιν εἰς γῆν, κυανέαν συμπληγάδων[1]
> Πέτραν φυγόντες δίπτυχοι νεανίαι.

velut postea loquitur, Κἀγώ σε σώσω κυανέας ἔξω πέτρας.[m] Eleganter autem κυανέαν πέτραν συμπληγάδων, ut nihil supra. Sic Virgilius:

> Quales Threicia cum flumina Thermodontis.[n]

et Lucretius:

> Pulverulenta Ceres, et Etesia flabra Aquilonum.[o]

et iterum:

> Ut Babylonica Chaldæum doctrina refutans.[p]

et tertium:

> Impellant ut eam Magnesia flamina saxi.[q]

Sic legendi sunt duo loci novissimi; in libris vulgatis minus emendati feruntur.

[1 Κυανέαν Συμπληγάδα. edd. Markl. et Matt.—D.]
[m v. 746. ed. Markl.—v. 729. ed. Matt.—D.]
[n Æn. xi. 659. Vulgo " Threiciæ."—" Threicia vitium operarum ed. N. Heins." Heynius ad loc.: sed videas Bentleium apud Wakef. ad Lucret. vi. 1062.—D.]
[o V. 741.—D.]
[p V. 726. . . . . " Chaldæam." ed. Haverc.—" Chaldæûm." ed. Wakef.—Confer Bentleii Annot. ad calcem Lucret. ed. Wakef. (1813.) t. iv. p. 444.—D.]
[q VI. 1062. . . . . Magnesi semina saxi." ed. Haverc.—" Magnesia flumina saxi." ed. Wakef., ubi vide Bentleium ad loc., et in Annot. t. iv. p. 456.—D.]

P. 176. *Τοῦ Πελοπείου γένους σήμαντρον ἔχει, ἐλαίαν ἐν τῷ ὤμῳ.* Jam hoc pro explorato habeo, *ἐλαίαν* ab hac pecude positam esse pro *ἐλέφαντα.* Cui enim fando auditum est, oleaginum humerum fuisse Pelopi?

Cui non dictus Hylas puer, et Latonia Delos,
Hippodameque, humeroque Pelops insignis eburno?[q]

> *Ἐπεί νιν καθαροῦ λέβητος ἔξελε*
> *Κλωθὼ, ἐλέφαντι φαίδιμον*
> *Ὦμον κεκαδμένον.*[r]

Alia multa sunt apud Malelam ex eadem fabula tralata, quæ missa facio. Cur enim me mancipium faciam *παραφρο-νοῦντος δεσπότου*?[s] Majoris fuerit et voluptatis et fructus cognoscere, quæ *summus poeta Ennius* de priore *Iphigenia* convertit. Julius Rufinianus *De Figuris Sententiarum et Elocutionis*:[t] *Aganactesis, indignatio, quæ fit maxime pronun-ciatione. Ennius in Iphigenia: Menelaus me objurgat, id meis rebus regimen restat.* Dormitavit hic vir summus Ger. Vossius. Nam, si unam syllabam addideris, trochaicus erit catalecticus:

Menelaus me objurgat: id meis rebu' regimen restitat,

quod genus versus commodissime inservit *τῇ ἀγανακτήσει·* ut diu est quod ipse in tragicis Græcis observavi; priusquam id de Scholiaste Hermogenis didicissem. Idem Rufinianus postea:[u] *Syncrisis, sive antithesis, comparatio rerum atque personarum inter se contrariarum: ut, ego plector,[v] quod tu peccas: tu delinquis, ego arguor pro malefactis: Helena redeat, virgo pereat innocens: tua reconcilietur uxor, mea necetur filia.*[w] Hunc etiam locum ad Ennii *Iphigeniam* refert Italorum doctissimus Hieronymus Columna: invito tamen et repugnante Vossio, partim quia auctor non laudatur,

---

[q Virg. *Georg.* iii. 6.—D.]   [r Pind. *Ol.* i. 40. ed. Heyn.—D.]
[s Aristoph. *Plut.* v. 2.—D.]
[t p. 205. ed. Ruhnk. (ad calcem Rutil. Lup.)—D.]
[u p. 222. ed. Ruhnk.—D.]
[v *plector* pro vulg. *projector*, est e Pithœi et G. J. Vossii conjectura.—D.]
[w *mea necetur filia* pro vulg. *mea negetur, filia mea*, corr. Columna.—D.]

partim quia non vincta sed pedestris oratio est; ad quod mirum, ait, non attendisse Columnam. Peccet Columna, et peccat quidem, in versibus : ego vero, cum certis signis hunc Ennii fœtum cognoscam, non committam ut alium, quam quo natus est, parentem sibi inveniat. Versus enim sunt trochaici, ex eadem puto scena petiti, qua superior est:

Ut ego plectar, quod tu peccas; tu delinquis, ego arguar
Pro malefactis ? Helena redeat, virgo pereat innocens ?
Tua reconcilietur uxor, mea necetur filia ?[v]

Non amplius, quod sciam, Euripides a Malela citatur præterquam p. 35. Ὁ Ταῦρος ἐκ τῆς Εὐρώπης ἔσχεν[w] υἱὸν τὸν Μίνω, καθὼς καὶ Εὐριπίδης ὁ σοφώτατος ποιητικῶς συνεγράψατο· ὥς φησι, Ζεὺς μεταβληθεὶς εἰς ταῦρον τὴν Εὐρώπην ἥρπασεν. Hæc quidem unde accersita sint, non certo scio : nam credibile est eum in non una tragœdia hæc obiter attigisse; ut in *Cretensibus* fortassis, ubi chorus ad Minoem; Φοινικογενοῦς παῖ τῆς Τυρίας Τέκνον Εὐρώπης καὶ τοῦ μεγάλου Ζηνός :[x] veri tamen simile est ex Euripidis *Phrixo* tralata esse. Eratosthenes in Καταστερισμοῖς.[y] (Ταῦρος) λέγεται ἐν τοῖς ἄστροις τεθῆναι διὰ τὸ Εὐρώπην ἀγαγεῖν ἐκ Φοινίκης εἰς Κρήτην διὰ τοῦ πελάγους, ὡς Εὐριπίδης [φησὶν] ἐν τῷ Φρίξῳ. Profecto qui *Europam* tragœdiam esse volunt, narrant nobis insomnium ex eburnea porta.

Pag. 181. Ἐν τοῖς χρόνοις τοῖς[z] μετὰ τὴν ἄλωσιν Τροίας, παρ᾽ Ἕλλησιν ἐθαυμάζετο πρῶτος Θέμις ὀνόματι· ἐξεῦρε[a] γὰρ οὗτος τραγικὰς μελῳδίας, καὶ ἐξέθετο πρῶτος δράματα, καὶ μετὰ τοῦτο Μίνως, καὶ μετὰ Μίνωα Αὐλέας τραγικοὺς χοροὺς δραμάτων συνεγράψατο. Utinam vero Malelæ cum præcursore suo melius conveniret! nam Jubal, si ei credimus, diu ante Trojæ excidium tragœdias factitavit.

[v] " De Ennii loco apud Jul. Rufin. (p. 222. ed. Ruhnken.) non liquet. Primum, *ego* melius in *arsi* collocaretur. Deinde, modus subjunctivus per omnia servari debere videtur. Et *delinquas* quidem habet ed. B. Rhenani, quæ sola ex MSS. petita est. An legendum, *Egone plectar, quod tu peccas? delinquas tu, ego arguar?* Sed, ne quid dissimulem, valde displicent Tu Ego in *thesi:* quare ampliandum." Dobræus, *Advers.* t. ii. p. 364.—D.]

[w] Ἐξ ἧς ἔσχεν. Mal.—D.]
[y] cap. 14. p. 12. ed. Schaub.—D.]
[a] ἐξηῦρε. Mal.—D.]

[x] Vide supra, p. 271.—D.]
[z] δὲ τοῖς. Mal.—D.]

Verba, ne te ludere videar, sunt p. 3. Ὁ δὲ (Ἰουβὰλ) κιθαρῳδίας καὶ τραγῳδίας τοῖς δαιμονικοῖς ἐπιτηδεύμασι προσεπενόησεν. Quid quod ad soccum haud minus idoneus erat, si
interpretem audis, quam ad cothurnum. Nam κιθαρῳδία
Chilmeado est *comœdia;* qui, cum ad alios ingenii cultus
etiam musicæ studium adjunxerit, cur adeo ab artificio suo
recederet, miror : clementer tamen, propter alia merita, sua-
que quasi lyra est increpandus. Vix equidem crediderim
in Bibliotheca vestra Oxonii, quantacunque est, Jubaliana
dramata reperiri. Scilicet ea omnia perierunt olim ;

> Quando ex diluvio magno exivere rapaces
> Per terras amnes, atque oppida cooperuere.[b]

Quarum fabularum una cum ipsis etiam memoria occidisset,
absque illo Hamartolo[c] fuisset, qui omnia omnino meminit,
quæ fuerunt, et quæ nullo sunt tempore nata. Habeo tamen, quo desiderium meum et dolorem consoler ; nam in
mentem opportune venit fieri posse, ut locus iste vitiosus sit,
et in hunc modum emendandus : Ὁ δὲ (Ἰουβὰλ) κιθαρῳδίας
καὶ λυρῳδίας τοῖς ἁρμονικοῖς ἐπιτηδεύμασι προσεπενόησεν.
Et profecto quam magis magisque cogito, nimirum acu rem
tetigi ; sin autem, nolim mihi quenquam posthac ne jurato
quidem credere. Tandem igitur aliquando lite hac compo-
sita, quantulum est tamen quod profecimus, si Joannes ipse
pugnantia loquatur ? Non enim jam ab Ilio capto primus
mortalium Themis dramata fecit : siquidem ante istam memoriam Ægypti rex Pharao, ubi a negotiis et turbis requies-
cere volebat, solitus est comœdias scriptitare. Verba sunt
Joannis p. 76. Τῶν δὲ Αἰγυπτίων ἐβασίλευσε Πετισσώνιος
ὁ κωμῳδὸς Φαραώ. Quid rides ? Quasi vero novum nunc
proferatur, regem ad fabulas scribendas animum appulisse.
Etiam Dionysius tyrannus poeta fuit tragicus, et Augusti

[b Audi ipsum poetam :—
　　" *Aut cecidisse urbeis* magno *vexamine mundi,*
　　Aut ex *imbribus adsiduis exisse* rapaceis
　　Per terras amneis, atque oppida *cooperuisse.*"　　*Lucret.* V. 341.—D.]

[c " Quod spectat ad ista quæ huic Editioni præmittuntur *Chronologica,* sub
titulo *Autoris Anonymi Excerptorum Chronologicorum :* non alia sunt ea quam
Chronici Georgii Monachi cognominati *Hamartoli* sive *Peccatoris* principium."
Hodius, *Proleg. in Malelam,* s. xli.—D.]

Ajax in spongiam incubuit.[c] Quanquam, si emendate loqui
velimus, κωμῳδὸς non *comicus* est, sed *comœdiæ actor*. His-
trioniam igitur fecit Pharao ; Thrasonis, opinor, vel Pyrgo-
lopolinicis partes agens ; ut Nero postea Œdipodis vel
Creontis. Verum hæc ipsius Malelæ stultitiam superant ;
ut ea qui dixerit, non pro homine sano loqui, sed ad agnatos
et gentiles deducendus esse videatur. Sine dubio vitium est
exemplaris, quo tamen modo tollendum sit, minus id possum
conjectura assequi. Quid si legamus, Πετισσώνιος, ὁ τῷ
Μωσεῖ Φαραώ· *Petissonius, qui a Mose Pharao vocatur?*
Si caput scaberem fortasse aliud melius possem exsculpere :
sed indignus est Joannes, cujus causa commentari velim
quidquam, nisi si quid ex facili nascatur. Itaque ut ad
Themin istum propius accedamus. Eadem cum Antiochensi
narrat, et in eodem doctus est ludo *Scholiastes vetus* nescio
quis apud Stanleium in *Vita Æschyli* :[d] Ἐν τοῖς χρόνοις
Ὀρέστου ἐθαυμάζετο παρ᾽ Ἕλλησι Θεόμις, ὃς πρῶτος ἐξεῦρε
τραγῳδικὰς μελῳδίας, καὶ ἐξέθετο πρῶτος δράματα. Καὶ
μετ᾽ αὐτὸν Μίνως, καὶ μετὰ Μίνωα Αὐλέας χοροὺς τραγικοὺς συνεστήσατο. Hæc habet doctissimus noster Stanleius
ex Bullengeri *Theatro*. Et tamen neuter de Themide, de
Minoe vel Aulea, quod quam diligentissime factum oportuit,
certiores nos facit. Concurrant jam omnes, quantum est
βιβλιοτάφων, et capita inter se conferant ; nunquam se ex-
pedient, neque quidquam de tergeminis hisce tragicis rescis-
cent. Narrat Clemens Στρωματέων[e] primo τὸ ἡρῷον τὸ
ἑξάμετρον . . . . Θέμιν μίαν τῶν Τιτανίδων εὑρηκέναι, Minoem autem τοὺς νόμους·[f] sed quod ad præsens negotium
attinet, vacuum a se lectorem et hiantem dimittit. Quid
enim *νόμοι* Minois ad nomos musicos ? Τί πρὸς τὸν Διόνυσον ;[g] neque heroes in tragœdiis heroos hexametros dice-
bant. Itaque quantum video, perpetua jam criticis sollici-

[e Vide Sueton. in *August.* c. 85.—D.]
[d Stanl. *In Vitam Æsch. Com.* p. 700. ed. 1664. = p. 57. ed. Butl.—D.]
[e p. 366. ed. Pott., ubi . . . . εὑρεῖν.—D.]   [f p. 365. ed. Pott.—D.]
[g Vide Suidam in Οὐδὲν πρὸς τὸν Διόν., et nostrum in *Dissert. de Phalar.*
t. i. p. 293.—D.]

tudo et quasi crux constituta est: nisi Callimachi Πίνακας
et Aristophanis Grammatici Commentarium longa nocte
sepultos protrahere possunt in lucem. Verum heus vos!
Ecquid erit præmî,[b] si nodum hunc solvero? quod quidem
ea lege et conditione faciam; ut dehinc mihi cum vestra
natione nullum omnino commercium intercedat. Enimvero
ab Antiochensi et ficulno illo, quicunque est, Scholiaste
gravissime peccatum est, cum in nominibus tum in rebus
ipsis. Prorsus quot verba, tot errata. Neque enim agnosco
commentitios istos Theomin, Minoem, Auleam; quorum ego
loco non dubia conjectura repono Thespin, Ionem, Æschylum :[c] neque Thespis ea, qua rentur, tempestate vixit; nam
Solonis æqualis a Troicis temporibus longissime abfuit:
neque Ion Æschylo prior fuit: neque primus Æschylus
choros tragicos instituit; quod contra chorum, qui perpetua
ante oratione totam fabulam decantabat, primus diverbiis et
personis distinxit. Sed operæ pretium fuerit accuratius hæc
omnia tractare. Ac de Thespide quidem minor est dubitatio,
quia in discipulorum cathedris quotidie ista jactantur:

> Ignotum tragicæ genus invenisse camenæ
> Dicitur, et plaustris vexisse poemata Thespis.[d]

Suidas: Θέσπις .. ἐδίδαξεν ἐπὶ τῆς πρώτης καὶ ξ̄ Ὀλυμπιάδος·
μνημονεύεται δὲ τῶν δραμάτων αὐτοῦ, Ἆθλα Πελίου ἢ
Φορβὰς, Ἱερεῖς, Ἠίθεοι, Πενθεύς. Pentheus fabula a Polluce
laudatur lib. vii. c. xii.[e] (Τὸ ὄνομα ἐπενδύτης) ληπτέον ἐκ
τῶν Σοφοκλέους Πλυντριῶν, Πέπλους τενίσαι λινοπλυνεῖς
τ᾽ ἐπενδύτας· καὶ Θέσπις δέ που φησὶν ἐν τῷ Πενθεῖ· Ἔργῳ
νόμιζε νευρίδας ἔχειν ἐπενδύτην. De quo versu[f] cum nihil
in præsentia succurrat, quod mihi satisfaciat, ejus emen-

---

[b] Ed. Oxon. *Epist. ad Mill.* "Ecquid erit *pretii*," quod mihi quidem melius
videtur.—D.]

[c] Confer nostrum in Epist. ad Bernard., *Mus. Crit.* t. ii. p. 553.—D.]

[d] Hor. in *Arte Poet.* v. 275.—D.]   [e] p. 717. ed. Hemst.—D.]

[f] " Postea, Dissert. Phalarid. 2da, p. 245. expedivit Pseudo-Thespidis
locum, νεβρίδ᾽ ἔχειν. Sed *forsan* non delendum, sed transponendum σ̄. νεβρίδ᾽
ἔχειν σ᾽ pro νεβρίδα σ᾽ ἔχειν." Dobræus, *Advers.* t. ii. p. 365.—Confer nostrum in
Epist. ad Bernard., *Mus. Crit.* t. ii. p. 554., et in *Dissert. de Phalar.* t. i. p. 295.
—D.]

dationem in aliud tempus differam : Sophocleum illum sine mora expediam. Neque enim cum Casaubono, Meursio et Gatakero κτενίσαι substituerim; cujus media syllaba est brevis; versumque redderet una syllaba breviorem. Non enim diiambus est λινοπλυνεῖς, sed pæon quartus. Neque Gatakeri νεοπλύντους ἐπενδύτας probaverim; nam sedes quarta spondæum non admittit; poterat paullo rectius νεοπλύτους. Sed aliud quiddam prætulerim, de quo ausim tibi firmissime asseverare:

Πέπλους τε νῆσαι λινοπλυνεῖς τ' ἐπενδύτας.[g]

Diversa ab illis, quas Suidas recenset, fabula habetur in veteri Marmore Arundeliano, quod nunc est Oxonii : ΑΦ ΟΥ ΘΕΣΠΙΣ Ο ΠΟΙΗΤΗΣ .... ΑΧΙ ... ΟΣ ΕΔΙΔΑΞΕΝ ΑΛ ... ΣΤΙΝ. Supple ΑΛΚΗΣΤΙΝ, Ἄλκηστιν· non Ἀλκέστιν, ut minus recte Editores.[h] Locus est illustris apud Clementem in Στρωματέων quinto;[i] quem nefas quidem fuerit silentio prætermittere. Θέσπις μέν τοι ὁ τραγικὸς διὰ τούτων ἄλλο τι σημαίνεσθαί φησιν, ὧδέ πως γράφων·

> Ἴδε σοι σπένδω κναξζβὶ τὸ λευκὸν[k]
> Ἀπὸ θηλαμόνων θλίψας κνακῶν.
> Ἴδε σοι χθύπτην τυρὸν μίξας
> Ἐρυθρῷ μέλιτι, κατὰ τῶν σῶν, Πὰν
> Δικέρως, τίθεμαι βωμῶν ἁγίων.
> Ἴδε σοι Βρομίου αἴθοπα φλεγμὸν[l]
> Λείβω.

Hæc narrat Clemens ex Thespide : ex aliis alia, quæ ad eandem rem spectant. Persuasum est hactenus viris eru-

---

[g Confer nostrum in Addendis, et in Epist. ad Bernard., *Mus. Crit.* t. ii. p. 553. Hunc versum post Canterum et Bentleium sic dedit Brunckius (*Lex. Sophoc.* in Ἐπενδύτης),

Πέπλους τε νῆσαι, νεοπλυνεῖς τ' ἐπενδύτας. D.]

[h Vide omnino nostrum in *Dissert. de Phalar.* t. i. p. 290. sqq.—D.]

[i p. 675. ed. Pott.—Vide *Dissert. de Phalar.* t. i. p. 291.—D.]

[j παρὰ. ed. Pott.—D.]

[k κναξζβὶ λευκόν. Toupius, *Emend. in Suid.* (*Ep. Crit.*) t. ii. p. 565.—D.]

[l φλογμόν. ed. Pott.—D.]

ditis, magnam symbolicæ et ænigmaticæ veterum theologiæ
vim in barbaris illis vocabulis contineri. Rem igitur haud
ingratam facturum me spero, si refregero hæc claustra, quæ
a multis sæculis omnem ad hæc sacra aditum præcluserunt.
Quod autem Herculem ferunt dixisse, cum in delubro quodam conspexisset simulacrum Adonidis, Οὐδὲν ἱερὸν ὑπάρ-
χειν·[i] idem mihi jam usu venit, hoc adyto recluso. Videlicet
erat olim ridicula et puerilis ratio; ut ex quatuor et viginti
literis, semel duntaxat positis singulis, barbara quædam et
infaceta verba conficerent, prout cuique libitum fuerit. Clemens hanc appellat στοιχειωτικὴν τῶν παίδων διδασκαλίαν.
Postea certandum erat ingenio, ut sententiam istorum verborum aliquam omnibus vestigiis indagarent; non eam quidem
omnino alienam et absonam, sed a propinquo si fieri potuit,
et verisimili petitam. Tria profert Clemens exempla eorum
ὑπογραμμῶν παιδικῶν· quorum unum hoc est:

$$Μάρπτε, σφὶγξ, κλὼψ, ζβυχθηδόν.^j$$

Ita scribi oportet res ipsa clamat; non ut in editis, μάρπτες
et ζυνχθηδόν· calculum jam pone, et omnes omnino literas
Cadmi, Palamedis, Simonidis, in quatuor istis vocabulis in-
venies. Ecce tibi secundum:

$$Βέδυ, ζὰμψ, χθὼ, πλῆκτρον, σφίγξ.^k$$

Ita legendum, non ut in vulgatis, ζὰψ et χθών· nam eo
pacto et M litera deesset, et N bis poneretur. Tamen ut
λάμβδα λάβδα, sic illud ζὰμψ auctores Græci ζὰψ scripsisse et pronunciasse videntur: sic etiam κάψα dicunt et
κάμψα· sic λήψεται in antiquissimis MSS. scribitur λήμ-
ψεται, et multa similia.[l] Tertium denique est illud Thespidis:

$$Κναξζβὶ, χθύπτης, φλεγμὼ, δρόψ.^m$$

Male apud Clementem est editum φλεγμὸς, δρώψ· ut liquido

[¹ Vide Schol. Theocr. V. 21., et Suid. in Οὐδὲν ἱερόν.—D.]

[ʲ p. 675. ed. Pott.—D.]   [ᵏ p. 674. ed. Pott.—D.]

[ˡ Confer nostrum in Epist. ad Bernard., *Mus. Crit.* t. ii. p. 554.—Vide
etiam Schowium ad *Hesych. Suppl.* p. 414.—D.]

[ᵐ p. 674. ed. Pott.—D.]

constabit, si digitis computans literarum numerum velis inire. Quam mirifice autem. Clemens hæc omnia quantumvis inepta et ludicra interpretetur, malim ex ipso quam ex me audias. Aliter paullo hæc ultima ab Hesychio proferuntur; nam pro κναξζβὶ χθύπτης, κνὰξ habet et ζβὶχ et θύπτης. Κνὰξ autem interpretatur γάλα λευκὸν, ζβὶχ (ita lege, non ζαβὶχ) λευκὸν, et θύπτης ὁ τυρός. Atque hujus auctoritate inductus Salmasius[n] verba Thespidis ad hunc modum immutare voluit:

Ἴδε σοι σπένδω κνὰξ ζβὶχ λευκόν,

et

Ἴδε σοι θύπτην τυρὸν μίξας.

Sed profecto non ea est Hesychii auctoritas; neque plus habet momenti, quam Clementis et Porphyrii hominum multis partibus illo doctiorum. Non enim librarii culpa est apud Clementem: neque ulla similitudo veri est χ literam a verbo κναξζβὶ fortuito disjunctam fuisse, et tertio post versu repositam. Porphyrii autem hoc ἀποσπασμάτιον est ex libro MS[to] Oxonii.

ΠΟΡΦΥΡΙΟΥ ΦΙΛΟΣΟΦΟΥ

Περὶ τοῦ Κναξζβὶ, χθύπτης, φλεγμὼ, δρὸψ ἑρμηνεία.

Ἐν Δελφοῖς εἰς τὸν ναὸν ἐπιγέγραπται τράγος ἰχθύι ἐπὶ δελφῖνος ἐπικείμενος. Κνὰξ μὲν γάρ ἐστιν ὁ τράγος κατὰ ἀποκοπὴν τῶν στοιχείων τοῦ κως (lege κων) καὶ πάλιν ἀφαίρεσιν (imo πρόσθεσιν) τοῦ ξ. κνάκον γὰρ καλεῖται, ὡς καὶ Θεόκριτος ἐν βουκόλοις λέγει. οἷον τράγος καὶ ἰχθὺς,[o] ὁ μὲν φλεγόμενος, ὁ δὲ δρὸψ ὄψον. Λέγει δὲ ὅτι ὁ τράγος φλεγόμενός ἐστι πάντοτε ὑπὸ λαγνίας, ὅτι ἐάν τις τὰς ῥῖνας αὐτοῦ ἀποσφαλίσει (leg. ἀπασφαλίσῃ), διὰ τῶν κεράτων ἀναπνεῖ. Ἔχει δὲ καὶ ἑτέραν ἑρμηνείαν οὕτως· Τὸ κναξζβὶ

[n] *Plin. Exercit.* p. 629.—D.]

[o] " καὶ ἰχθὺς, κ. τ. λ. Hæc verba, gravissime corrupta, ad hunc fere modum sunt legenda: καὶ τὸ μὲν χθύπτης ἰχθὺς, τὸ δὲ φλεγμὼ φλεγόμενος, τὸ δὲ δρὸψ — N. B. τὸ (i. e. ὃ) infra, τὸ κναξβὶ, etc." Dobræus, *Advers.* t. ii. p. 365.—D.]

γάλα ἐστὶν, τὸ δὲ χθύπτης τυρὸς, δρὸψ δὲ ἄνθρωπος· δρῶπες γὰρ οἱ ἄνθρωποι λέγονται. Καὶ ἕτερα δὲ πλεῖστα τοιαῦτα διὰ τῶν κδ στοιχείων ἀπαρτίζοντα ἴδιον σκοπὸν εὕρομεν, οἷον· Βέδυ, ζὰψ, χθὼ, πλῆκτρον, σφίγξ. ὅ ἐστιν οὕτως· Βέδυ ἐστὶν ἡ ὑγρὰ οὐσία, ζὰψ ἡ πυρώδης οὐσία, χθὼ ἡ γῆ, πλῆκτρον δὲ ὁ ἀὴρ, σφὶγξ ἡ τούτων φιλία διὰ τὸ συνεσφίγχθαι. Κλώδιος δὲ ὁ Νεαπολίτης οὕτως ἡρμήνευσε τὸ προκείμενον· ἀὴρ, θάλασσα, γῆ, ἥλιος. Καὶ ἕτεροί τινες φιλόσοφοί τε καὶ ποιηταὶ τοῦτον τὸν σκοπὸν ἡρμήνευσαν.

Non longe a principio sic scribe : κνάκων γὰρ καλεῖται, ὡς ὁ Θεόκριτος ἐν Βουκολικοῖς λέγει. Locus est *Idyllio* tertio :[p]

——————————καὶ τὸν ἐνόρχαν
Τὸν Λιβυκὸν κνάκωνα φυλάσσεο, μὴ τὺ κορύψῃ.

Illud autem nimis festivum est, quod aliquanto post sequitur : capras scilicet, siquis iis nares obturet, cornibus spirare. Sed pro κεράτων certissime emendandum est οὐάτων vel ὤτων. Varro *De Re Rustica* :[q] *De quibus admirandum illud, quod etiam Archelaus scribit; (capras) non, ut reliqua animalia, naribus, sed auribus spiritum ducere solere.* Idem narrant Plinius et Ælianus. Clodius iste Neapolitanus librum composuit adversus eos, qui carne abstinerent; ut testis est ipse Porphyrius περὶ ἀποχῆς ἐμψύχων· neque alius quisquam illius meminit, quod sciam. Fidem id facit, minime ψευδεπίγραφα hæc esse, sed ex Porphyrio bona fide excerpta.

P. 181. Καὶ μετὰ τοῦτο Μίνως, καὶ μετὰ Μίνωα Αὐλέας. Dixi meam sententiam : nimirum aut vitio codicis aut memoriæ falsum esse Joannem; et ad hunc modum a prima manu scriptum videri, Καὶ μετὰ τοῦτον Ἴων, καὶ μετὰ Ἴωνα Αἰσχύλος. Porro iste Ion poeta fuit tragicus, natione Chius : de quo ideo plura dicemus, quia Thespide et Æschylo aliquanto est ignotior; tum autem ut quasi specimen demus istius operis, cujus antea fecimus mentionem,[r] quo *Reliquias*

[p v. 4.—*Poetæ Min. Gr.* t. ii. p. 31. ed. Gaisf., ubi . . . . μὴ τὺ κορύξῃ.—D.]
[q Lib. ii. cap. iii. p. 81. ed. 1573.—D.]
[r Vide supra, p. 267.—D.]

omnis Grœcœ Poeseos, Philosophicæ, Epicæ, Elegiacæ, Dramaticæ, Lyricæque colligere voluimus. Sed hæc fuerunt. Principio autem non injuria Chius noster una cum Æschylo memoratur, cui olim amicitia et familiaritate conjunctus fuit; ut ex Plutarcho constat in libro qui inscribitur Πῶς ἄν τις αἴσθοιτο ἑαυτοῦ προκόπτοντος ἐπ᾽ ἀρετῇ.[s] Αἰσχύλος, ait,
. . . . Ἰσθμοῖ θεώμενος ἀγῶνα πυκτῶν, ἐπεὶ πληγέντος ἑτέρου τὸ θέατρον ἐξέκραγε, νύξας Ἴωνα τὸν Χῖον, Ὁρᾷς, ἔφη, οἷον ἡ ἄσκησίς ἐστιν· ὁ πεπληγὼς σιωπᾷ, οἱ δὲ θεώμενοι βοῶσι. Juvenis tamen cum sene versatus est; et in eo quidem non leviter peccatum est a Joanne, quod Ionem Æschylo vetustiorem faciat. Utinam vero superesset hodie Batonis Sinopensis liber: plura de Ionis ætate, et evidentiora dici possent: nunc soli in obscuro lubricoque tramite magis reptamus, quam pedetentim ingredimur. Platonis est Dialogus, quo Socrates sermonem instituit cum Ione quodam Ephesio; quem a Chio non esse diversum opinio est Lilii Gyraldi, Julii Scaligeri, Delrii, et Menagii: quæ si vera est sententia, non opus est ut multa dicamus. Statim enim constabit Ionem Æschylo fuisse natu minorem. Quippe Socrates natus Olymp. LXXVII. anno IV., tantummodo XIII. ætatis annum agebat, cum Æschylus ex vita excessit, videlicet Olymp. LXXXI. an. I., Callia Athenis archonte. Sed de Ephesio isto pugnant adversus Gyraldum et Scaligerum eruditissimi quidem homines Leo Allatius et Joannes Jonsius: ille contumeliis fretus, et eo quod nullo auctore primus id dixerit Gyraldus, quodque Ephesius rhapsodus fuerit, non tragicus; hic autem acerrimo telo armatus, quia ratio temporum reclamat: scilicet Ionem Chium Olymp. LXXII. tragœdias docuisse non minus annos viginti priusquam Socrates nasceretur, Olymp. demum LXXVII. IV. Mihi quidem idem est animus, non unum et eundem fuisse Chium et Ephesium: Chius enim et genere et opibus fuit clarus: qui cum Athenis quondam tragœdia simul et dithyrambo vicisset, Chii vini

[s *Mor.* t. i. p. 211. ed. Wyttenb.—D.]

cadum viritim cuique civium dedit; ut memorant Athenæus[t]
et Comici enarrator ad *Pacem*.[u] Luculentæ vero divitiæ,
quæ tam eximiæ liberalitati sufficere potuerunt. Ephesius
homo mendicus et circumforaneus cantitando et gesticulando
victum inopem quæritans, ut mos erat rhapsodis, quos
Homerus suus misella stipe et esuritione pascebat. Ipse
de se loquitur apud Platonem:[v] Δεῖ γάρ ͙με καὶ σφόδρ᾽
αὐτοῖς (τοῖς θεαταῖς) τὸν νοῦν προσέχειν, ὡς ἐὰν μὲν κλαίον-
τας αὐτοὺς καθίζω, αὐτὸς γελάσομαι ἀργύριον λαμβάνων·
ἐὰν δὲ γελῶντας, αὐτὸς κλαύσομαι ἀργύριον ἀπολλύς. Chius
in omni literarum genere magnum nomen est consecutus:
Ephesius præter Homerum nihil doctus cantare; sicut de se
fatetur: cum a Socrate interrogatus, utrum Homerum solum
calleret, an etiam Hesiodum et Archilochum; respondit,
minime quidem istos, sed Homerum solum, atque hoc satis
esse. Et aliquanto post, Ὅταν μέν τις, ait, περὶ τοῦ ἄλλου
ποιητοῦ διαλέγεται, οὐδὲ προσέχω νοῦν, ἀδυνατῶ τε καὶ
ὁτιοῦν συμβαλέσθαι λόγου ἄξιον, ἀλλ᾽ ἀτεχνῶς νυστάζω,[w]
et alia pluria in hanc sententiam. Sic igitur persuasum
habeo, Chio illi et Ephesio patriam, genus, fortunas, ingenium, studia, mores, omnia denique præter nomen et ætatem
disparia fuisse. Et ætatem quidem cum dico, cave cum Jonsio,
Menagio, et Gerardo Vossio ad Olymp. LXXII. Ionem Chium
rejicias, qui in erubescendum errorem inciderunt inscii,

Et graviter magni magno cecidere ibi casu :[x]

ab hominum futilissimo Æmilio Porto decepti, qui Suidæ[y]
verba, Ἤρξατο τὰς τραγῳδίας διδάσκειν ἐπὶ τῆς π̅β̅ Ὀλυμπιάδος, ita Latina fecit, tanquam si Ion Olymp. LXXII. scribere cœpisset. Atqui, O bone, π̅β̅ sunt LXXXII. : et Scho-

[t] Ep. lib. i. c. v. t. i. p. 12. ed. Schw., quem vide in *Animadv.* t. i. p. 39.
et p. 489.—D.]

[u] v. 801. ed. Bekk.—D.]

[v] *Ion.*—Plat. *Opp.* t. ii. p. 455. ed. 1826., ubi . . . κλάοντας . . . καθίσω.—D.]

[w] Ibid. p. 438., ubi . . . . περὶ ἄλ. τοῦ ποι. διαλέγηται, οὔτε προσ. τὸν νοῦν,
κ. τ. λ.—D.]

[x] Lucret. i. 742.—D.]　　　　　　　　[y] In v. Ἴων.—D.]

liastes Comici non numerorum notas, verum integra verba
exhibet, ἐπὶ ὀγδοηκοστῆς καὶ δευτέρας Ὀλυμπιάδος. Facile
igitur per ætatem licitum est, usum et consuetudinem Ioni
Chio cum Socrate fuisse. Quin ipse in suis scriptis Socratis
mentionem fecit. Diogenes Laërt.[x] Ἴων δὲ ὁ Χῖος καὶ νέον
ὄντα (τὸν Σωκράτην) εἰς Σάμον σὺν Ἀρχελάῳ ἐπιδημῆσαί
(φησι). Quid Allatius, malevolentia et livor, non homo?
quam falsus est animi, cum Gyraldum credidit primum in ea
opinione fuisse? Ecce tibi e transverso Suidas : jampridem
is in Διθυραμβοδιδάσκαλοι idem cum Gyraldo senserat.
Καὶ Σωκράτους τοῦ φιλοσόφου ἐστὶ λόγος εἰς αὐτόν. Portus
haud præter solitum perverse, ut nihil magis : *Extat So-*
cratis philosophi oratio in ipsum scripta. Sed de dialogo
Platonis intellexit Lilius ; et recte quidem : eo solum nomine
culpandus, quod errantem ducem secutus est. Jam vero,
cum illud exploratum sit de Olympiade LXXXII., quis dubitet quin Ionem Æschylus anteierit ætate? siquidem obiit
fere septuagenarius, triennio prius ad minimum quam Ion ad
studium tragicum se applicaret. Præterea, narrat Ion (apud
Athenæum[y]) convenisse se in insula Chio Sophoclem poetam,
cum prætor factus navigaret in Lesbum : et (apud Plutarchum[z]) memorat solitum esse Periclem jactare se magni-
ficentissime, quod Samios vicisset. Ea vero gesta sunt
Olymp. LXXXIV. IV. a morte Æschyli annis quindecim.
Didascaliæ veteres in Argumento *Hippolyti :* Ἡ σκηνὴ τοῦ
δράματος ὑπόκειται ἐν Θήβαις (imo Τροιζῆνι)· [ἐδιδάχθη]
ἐπὶ Ἀμείνονος ἄρχοντος, Ὀλυμπιάδι π̄ζ, ἔτει δ. Πρῶτος
Εὐριπίδης, δεύτερος Ἰοφῶν, τρίτος Ἴων. Itaque Olymp.
LXXXVII. IV. Ion fabula certavit annis septem et viginti
posteaquam Æschylus mortuus est. Denique hæc sodes
vide ex Aristophanis *Pace :*[a]

Θε. Οὐκ ἦν ἄρ᾽ οὐδ᾽ ἃ λέγουσι περὶ[b] τὸν ἀέρα,
Ὡς ἀστέρες γινόμεθ᾽, ὅταν τις ἀποθάνῃ ;

[x] In *Socr.* p. 94. ed. Meib., ubi . . . . ἀποδημῆσαι.—D.]
[y] l. xiii. c. lxxxi. t. v. p. 185. ed. Schw.—D.]
[z] In *Pericl.*—Plut. *Opp.* t. i. p. 646. ed. Reisk.—D.]
[a] v. 798. ed. Bekk.—D.]   [b] κατὰ. Aristoph. edd. omnes.—D.]

Τρ. Μάλιστα.   *Θε. Καὶ τίς ἐστιν ἀστὴρ νῦν ἐκεῖ;*
Τρ. Ἴων ὁ Χῖος.

Scholiastes[c] notat Ionem jam mortem obiisse: Ὅτι ὁ μὲν Ἴων
ἤδη τέθνηκε δῆλον. addo, etiam eodem anno quo acta est
ea fabula, xiii. videlicet belli Peloponnesiaci, Olymp. xc. ii.,
uti constat ex ipsa comœdia, ubi Trygæus sic Pacem allo-
quitur:

> Μὰ Δί᾽, ἀλλ᾽ ἀπόφηνον ὅλην σαυτὴν
> Γενναιοπρεπῶς τοῖσιν ἐρασταῖς
> Ἡμῖν, οἵ σου τρυχόμεθ᾽ ἤδη
> Τρία καὶ δέκ᾽ ἔτη.[d]

Jam nusquam habet Malelas, quo abdat illud putidum et
inhonestum caput. Tantum abest ut Ion Æschylo natu
fuerit grandior; ut superstes ei fuerit annos solidos xxxvii.
Nunc tempus est ut de Ionis scriptis fidem liberemus. Et
profecto non immerito propter multiplicem doctrinam a Cal-
limacho laudatus est Ion. Καὶ Καλλίμαχος, ait Suidas,[e] ἐν
χωλιάμβοις μέμνηται αὐτοῦ, ὅτι πολλὰ ἔγραψεν. Nam ut
poemata prius recenseamus; deinde quæ oratione prosa
composuit: *Melica* Ionis laudantur et *Dithyrambica.* Schol.
Aristophanis,[f] et Suidas: Ἴων διθυράμβων .... καὶ μελῶν
ποιητής. Harpocration:[g] Ἔγραψε δὲ μέλη πολλά. Et dithyrambo quidem vicit, cum Atheniensibus viritim Chii cadum
distribuit. Ex melicis carminibus extat odæ principium,
Ἀοῖον ἀμεροφοίταν Ἀστέρα μείναμεν, Ἀελίου λευκοπτέ-
ρυγα πρόδρομον. Sic lege apud Scholiastem et Suidam:
male in utroque ἀεροφοίταν, et in altero λευκῇ πτέρυγι.[h]

[c Ad v. 803. ed. Bekk., ubi τεθνήκει.—D.]
[d v. 952. ed. Bekk.—D.]   [e In Διθυραμβοδ.—D.]
[f Ad *Pac.* v. 801. ed. Bekk.—D.]   [g In v. Ἴων.—D.]
[h μείνωμεν (vulgo μείνομεν). Schol. ad *Pac.* v. 801. ed. Bekk. —μῆνα μέν.
Suid. in Διθυραμβοδ.—

> Ἀοῖον ἠεροφοίταν
> Ἀστέρα μείνωμεν,
> Ἀελίου, κ. τ. λ.
>
>   Toupius, *Emend. in Suid.* (*Ep. Crit.*) t. ii. p. 529.—

Ἀστέρ᾽ ὑμνέομεν. Burgesius in Præf. ad Eurip. *Troad.* p. xiii.—D.]

Pæanes, Hymni, Scolia sive carmina convivalia. Schol. Aristoph. *Elegiaca.* Idem et Suidas. Ex elegis non paucos versus adducit Athenæus: ut lib. xi. c. 3.[i] Καὶ Ἴων δ' ὁ Χῖός φησι,

Χαιρέτω ἡμέτερος βασιλεὺς, σωτήρ τε πατήρ τε.
Ἡμῖν δὲ κρητῆρ' οἰνοχόοι θέραπες
Κιρνάντων προχύταισιν ἐν ἀργυρέοις· ὁ δὲ χρυσὸς
Οἶνον ἔχων χειρῶν νιζέτω εἰς ἔδαφος·

et quæ sequuntur: ubi Casaubonum nequicquam æstuantem videas, ut eliciat ex istis sententiam commodam; nam prius correctionis indigent, quam a quoquam intelligi possint. Non longe aberrabimus a scopo, si sic legerimus:

——————— ὁ δ' ἕκαστος
Οἶνον ἔχων χειροῖν ἱζέτω εἰς ἔδαφος.[j]

Comœdiæ, ut Comici Schol. *Comœdia*, ut Suidas. *Epigrammata*. Idem Schol. et *Anthologia Epigram*. lib. iii. c. 26.[k]

Ἴωνος εἰς Εὐριπίδην.

Χαῖρε μελαμπέπλοις, Εὐριπίδη, ἐν γυάλοισι
Πιερίας τὸν ἀεὶ νυκτὸς ἔχων θάλαμον·
Ἴσθι δ' ὑπὸ χθονὸς ὢν, ὅτι σοι κλέος ἄφθιτον ἔσται,
Ἴσον Ὁμηρείαις ἀενάοις χάρισιν.

Sed omnino falsa est et ementita inscriptio: quam ratio temporum refutat et rejicit. Mirificum vero poetam Ionem, qui Euripidem mortuum epigrammate celebraverit, ipse jam annos tredecim extinctus. Decessit Ion[l] Olymp. xc. ii.

[i c. viii. t. iv. p. 197. ed. Schw.—D.]
[j Confer nostrum iu Epist. ad Bernard., *Mus. Crit.* t. ii. p. 554.—

——————— ὁ δὲ Χρύσης (*Chryses*, sacerdotis nomen.)
Οἶνον ἔχων χειροῖν νιζ. κ. τ. λ.
Toupius, *Emend. in Suid.* (*Ep. Crit.*) t. ii. p. 538.
De hoc loco videas Schw. *Animadv. in Athen.* t. vi. p. 26. et omnino t. viii. p. 491.—D.]

[k *Anth. Gr. ex rec. Br.* ed. Jacobs. t. iv. p. 230.—*Anth. Gr. ad fid. Cod. Pal.* &c. t. i. p. 319.—D.]

[l Vide Clintonum, *Fasti Hellen. from the* LV. *to the* CXXIV. *Ol.* pp. 73, 81, 83, 85. *sec. ed.*—D.]

anno belli Peloponnesiaci xiii.   Euripides autem et Sophocles ejus belli xxvi. anno, Olymp. xciii. iii. uti constat ex
Aristophanis *Ranis*, quæ actæ sunt eo anno Dionysiis τοῖς
κατ' ἀγροὺς· ut alia argumenta mittam ab eruditis viris occupata. Itaque loco Ἴωνος scribendum est fortassis Ἰωάννου,
vel Βίωνος vel Δίωνος, ut cuique libitum fuerit. *Tragœdiæ*
numero xii., ut alii volunt xxx., ut alii xl. Σχολ.[m] et Suidas.[n]
Tituli quidem undecim a veteribus Grammaticis adhuc servantur. *ΑΓΑΜΕΜΝΩΝ*. Idem Σχολ. et Athenæus. Hesychius: Πεδανῷ ὕπνῳ, ἢ πεδανῷ κούφῳ, Ἴων Ἀγαμέμνονι,
τινὲς δὲ οὐ βεβαίῳ: leg. ἠπεδανῷ, κούφῳ. *ΑΛΚΜΗΝΗ*.
Hesych. Pollux x. 23.: Ἐν δὲ τῇ Ἴωνος Ἀλκμήνῃ, ὃ εἰς
τὴν τῆς τροφῆς παρασκευὴν ἦν, θυλακίσκη ὠνόμασται.
Repone ex Cod. Vossiano, ὁ εἰς τὴν τῆς τροφῆς παρασκευὴν θυλακίσκος ὠνόμασται.[o] *ΑΡΓΕΙΟΙ*. Hesych. *ΜΕΓΑ*
ΔΡΑΜΑ. Pollux x. 45.[p] Hesych. in Ὀνοταζομένη, et Με-
λάγχετον, μεγάλῳ δράματι ἀπὸ τῶν ἀνθρώπων, οἷον ἀκμά-
ζουσαν. Lego: Μελαγχαίταν, Ἴων Μεγάλῳ Δράματι.[q] Homines ἀκμάζοντες ætate florentes capillitio fere nigro sunt,
provecti canescunt. Sed verbum id inversum est ab Ione,
et ad alia tralatum, quæ sunt annis et viribus integris: quasi
diceretur exempli gratia ἵππος μελαγχαίτας, *equus florenti*
ætate, juvencus. *ΦΡΟΥΡΟΙ*. Schol. Aristoph. Hesych.
Athenæus. *ΦΟΙΝΙΞ*. Julius Pollux :[r] Ἴων δὲ ἐν Φοίνικι
σαφέστερον· Ἀλλ' ὦ θυρετρῶν τῶνδε κωμῆται θεοί. Enarrator Comici ad *Ranas* :[s] Τοῦτο τοῦ Ἴωνός ἐστιν ἐκ Φοινίκης

[[m] Ad Arist. *Pac.* v. 801. ed. Bekk.—D.]   [[n] In v. Ἴων.—D.]

[[o] " Vera sine dubio scriptura, quam Codices nostri MSS. conservarunt:
θύλακος, σάγη· quid itaque Bentleius, vir doctissimus, *ad Millium*, p. 54. [ed. Ox.]
Repone ex Cod. Vossiano: ὁ εἰς τὴν τῆς τροφῆς παρασκευὴ θυλακίσκος ὠνόμασται·
aliud egit profecto homo sagacissimus; sic enim exaratum in Codice Vossiano,
ut nos expressimus in textu, nisi fallunt Excerpta [ὁ εἰς τὴν τῆς τροφῆς παρασκευὴν θύλακος, σάγη ὠνόμασται]. Sed restat scrupulus in ἦν, quod delevi:
duplicem in antiquis libris fuisse lectionem existimo, aut eam, quam reddidi
e C. V., aut hanc, ὃς ἐ. τ. τ. τρ. π. ἦν θ." Hemst. ad *Poll.* p. 1264.—D.]

[[p] p. 1367. ed. Hemst.—D.]

[[q] " Forsan Μελαγχίτων', Ἴων, &c. et .... αἰάζουσαν." Toupius, *Emend. in*
Hesych. t. iv. p. 97.—D.]

[[r] p. 1001. ed. Hemst.—D.]   [[s] v. 705. ed. Bekk.—D.]

ἢ καὶ Οἰνέως· Εἰ δ᾽ ἐγὼ ὀρθὸς ἰδεῖν βίον ἀνέρος, πολιῆται. Repone ex certissima conjectura ἐκ Φοίνικος ἢ Καινέως· et versus iste heroicus est, non alienus a tragœdia :

Εἰ δ᾽ ἐγὼ ὀρθὸς ἰδεῖν βίον ἀνέρος, ὦ πολιῆται.

sic Athenæus lib. iii. et iv.[t] Ἴων ἐν Φοίνικι ἢ Καινεῖ. Itaque est ΦΟΙΝΙΞ Η ΚΑΙΝΕΥΣ et ΦΟΙΝΙΞ ΔΕΥΤΕΡΟΣ : vide Hesychium in Τιμαλφής. Athenæus fine lib. iv.[u] Ἐν δὲ τῷ δευτέρῳ Φοίνικι ὁ . .Ἴων φησίν· Ἔκτυπον ἄγων βαρὺν αὐλὸν τρέχοντι ῥυθμῷ, οὕτω λέγων τῷ Φρυγίῳ. Non de nihilo est quod Codd. MSS[i] constanter exhibent τρέχοντα· ad quorum indicium sic legerim :

— ἐκτύπουν, ἄγων βαρὺν
Αὐλὸν, τρέχοντα ῥυθμόν·

ut in Euripidis *Rheso :*[v]

Πολλοῖσι σὺν κώδωσιν ἐκτύπει φόβον.

ΤΕΥΚΡΟΣ. Hesychius : Ἀϊδροὶ, ἀΐδριες, ἰῶν Τεύκρῳ † Ἀϊδροφῶντι, ἀϊδρίων ἀναιρετικῷ : scribe Ἴων, et illud alterum Hesychii peccatum est scutica dignum. Quicunque fuerit *interfector* iste *stultorum*, homo sane metuendus, sine dubio trucidasset Hesychium, si occasionem hanc nactus fuisset. Vera scriptura est Ἀνδρειφόντῃ, ἀνδρῶν ἀναιρετικῷ, ex Homerico isto :

Μηριόνης ἀτάλαντος Ἐνναλίῳ ἀνδρειφόντῃ.[w]

Ἀμφιβώτης, περιβόητος· Ἴων Τεύκρῳ : lego περιβοήτου.[x] Βώσας, βεβωμένος Herodot. inde ἀμφίβωτος. Idem alibi, Ἀμφιρῶτις, περιβόητος. Iterum tibi, mi Hesychi, a stulticida illo cavendum est; nam cur non ego par pari referam, et barbariam tuam ulciscar nunc demum nato vocabulo? ΟΜΦΑΛΗ. Schol. Aristoph. Harpocration. Hesychius :

[t l. iii. c. xli. t. i. p. 357. et l. iv. c. lxxxiv. t. ii. p. 196. ed. Schw.—D.]
[u t. ii. p. 197. ed. Schw., quem vide in *Animadv.* t. ii. p. 684.—D.]
[v v. 304. ed. Matt.—D.]
[w *Il.* vii. 166. Confer nostrum in Epist. ad Bernard., *Mus. Crit.* t. ii. p. 554.—D.]
[x Vide Schowium ad *Hesych. Suppl.* p. 72.—D.]

Ἐρρωπίζομεν, Ἴων Ὀμφάλῃ. τινὲς ῥωπίζειν ἀπέδοσαν τὸ
ἀτεχνεύεσθαι, καὶ ἀμαθεύεσθαι,[y] (pro ἀμαθαίνειν) κακῶς.
Ἔστι γὰρ ῥῶπος ὁ λεπτὸς καὶ ποικίλος φόρτος, καὶ βέβαιος,[z]
καὶ τὰ ἔσω τῶν ῥωπῶν πλέγματα κανᾶ καὶ σεῖστρα κυρίως.
Lego ἀτεχνιτεύεσθαι· et Ἔστι γὰρ ῥῶπος ὁ λεπτὸς καὶ
ποικίλος φόρτος, καὶ γέλγαι, καὶ τὰ ἐκ τῶν ῥωπῶν πλέγματα
κανᾶ καὶ σῆστρα κυρίως. Quanto hæc meliora quam illa
Palmerii![a] Hesychius alibi: Ἐριωπιζόμην, ἢ τεχνητευόμην,
ἢ σύμμικτα σχήματα εἶχον. Iterum a librariis deceptus est.
Sana lectio est: Ἐρρωπίζομεν, ἠτεχνιτεύομεν, ἢ σύμμικτα
χρώματα εἴχομεν.[b] Etymolog. Magnum: Ἐρρωπίζομεν,
εὔμικτα καὶ συμπεφορημένα ἐποιοῦμεν· quod ferri quidem
potest; sed emendatius fortasse profertur ab Eustathio :[c]
Φέρεται δὲ καὶ ῥῆμα τὸ ῥωπίζειν, ὃ δηλοῖ τὸ σύμμικτα καὶ
συμπεφυρμένα ποιεῖν. Quod ad βέβαιος[d] attinet, ter-
minatio ΟΣ in libris MSS. minuto apice signatur : illa vero
non oppido dissimilia γέλγαι vel γέλγια et βέβαι.[e] Aliis
est potius γέλγη numero singulari. Eustathius :[f] Ῥῶπος,
.. λεπτὸς καὶ ἀτελὴς (leg. εὐτελὴς) φόρτος, ὡς δὲ Αἴλιος
Διονύσιος λέγει, καὶ ποικίλος· γέλγην δέ, φησιν, αὐτὸν
ἔλεγον οἱ παλαιοί. Hesych. : Γέλγη, ὁ ῥῶπος, καὶ βάμματα,
καὶ ἄτρακτοι καὶ κτένες. Photius Patriarcha : Ῥῶπος,

[z] Vulgo ὁ λεπτὸς χόρτος καὶ ποικίλος καὶ βέβαιος.—D.]

[a] Totum locum sic legit Palmerius: Ἐρρωπ. Ἴων Ὀμφ. τινὲς ῥωπ. ἀπέδ. τὸ
ἀτεχνεύεσθαι, καὶ ἀμαθεύεσθαι, κακῶς· ἐστὶ γὰρ λεπτὸς φόρτος, καὶ ποικίλος,
καὶ βαιὸς, καὶ τὰ ἔξω τῶν ῥωπῶν πλέγματα, κανᾶ καὶ σήγιστρα κυρίως.—D.]

[b] " Χρώματα εἴχομεν emendat magnus Bentleius, ut scil. respondeat
τῷ Ἐρρωπίζομεν. Non video tamen, salvo V. Cl. honore, cur posterius εἴχομεν
admittamus, et omnia in 1. pers. plur. efferamus. Certe minima mutatione
prætulerim hanc lectionem: Ἐρρωπιζόμην. ἠτεχνιτεύομην, ἢ σύμμ. χρώματα
εἶχον. Nisi quis ostenderit, in Ionis Ὀμφάλῃ fuisse Ἐρρωπίζομεν, ut infra
scribitur." Albertius ad Hesych. t. i. p. 1435.—" Ἐρρωπιζόμην, ἠτεχνητευόμην, ἢ
σύμμικτα χρώματα vel χρήματα, εἶχον." Toupius, Emend. in Hesych. t. iii. p. 496.
—D.]

[c] Ad Il. N. p. 927. ed. Rom.—D.]

[d] " καὶ οὐ βέβαιος, vel καὶ ἀβέβαιος, γel potius καὶ βαιός." Toupius, Emend. in
Hesych. t. iii. p. 383. et p. 448.—D.]

[e] Confer nostrum in Epist. ad Bernard., Mus. Crit. t. ii. p. 554.—D.]

[f] Ad Il. N. p. 927. ed. Rom.—D.]

μηδενὸς[f] ἄξιον. Ῥῶπος καὶ γέλγη, ὁ ποικίλος, λεπτὸς φόρτος. Jam σῆστρα certissima emendatio : ea sunt *canistra, virgulti* aut *juncis contexta.* Hesychius : Σῆστρα, κόσκινα ἢ κύμβαλα· duo verba confundit σῆστρα et σεῖστρα, quorum hoc ἀπὸ τοῦ σείειν formatur, illud ἀπὸ τοῦ σήθειν. Achæus vetustus tragicus docuit *Omphalen* satyricam : quo de genere persuasum prorsus habeo etiam hanc Ionis fuisse. Hercules servivit Omphalæ, Genio et Veneri assidue litavit : jussus et inter ancillarum greges pensa carpere, sicubi duro et indocto pollice fila rumpebat, e vestigio hominis caput sandalium commitigabat.[g] Nihil hic triste neque tragicum : ludus jocusque omnia. Favent huic sententiæ fragmenta, quotquot supersunt ; quæ nihil nisi convivia, comessationes, et symphonias pollicentur. Hesych. Μεσόμφαλοι, φιάλαι. *Etym.* Πῖθι Πακτώλου ῥοάς. Pollux :[h] Καὶ τὴν μέλαιναν στίμμιν ὀμματογράφον. Athenæus :

———Οἶνος οὐκ ἔνι

Ἐν τῷ σκύφει·[i]

et

Ἐνιαυσίαν γὰρ δεῖ με τὴν ἑορτὴν ἄγειν·[j]

et

Λυδός τε μάγαδις αὐλὸς ἡγείσθω βοῆς·[k]

et lib. xiv.[l]

Ἀλλ᾽ εἶα, Λυδαὶ ψάλτριαι, παλαιθέτων
Ὕμνων ἀοιδοί, τὸν ξένον κοσμήσατε.

[f] μηθενὸς, et mox καὶ λεπτὸς. Phot. ed. Pors.—D.]
[g] Terent. *Eun.* v. 7. 4. respicit noster.—D.]
[h] l. v. c. xvi. p. 535. ed. Hemst.—D.]
[i] lib. xi. c. xcix. t. iv. p. 350. ed. Schw.—D.]
[j] lib. vi. c. lxxiii. t. ii. p. 491. ed. Schw.— ἄγειν tacite Bentleius pro vulgata λέγειν.—ἄγειν. Porsonus, *Advers.* p. 88. — " Lege, τὴν ἑορτὴν δεῖ μ᾽ ἄγειν." Dobræus, *Advers.* t. ii. p. 365.— ὁρτὴν ἄγειν edidit Dindorfius, *Athen.* t. i. p. 561. —D.]
[k] lib. xiv. c. xxxv. t. v. p. 300. ed. Schw.—D.]
[l] (Edd. *Epist. ad Mill.* " lib. x.")—c. xxxvi. t. v. p. 302. ed. Schw.—" Qu. an legendum, τὸν ξένον κοιμήσατε. quamvis ferri possit vulgata." Dobræus, *Advers.* t. ii. p. 365.—D.]

Ita lege, non Ἀλλ' αἱ Λυδαὶ, quod versus recusat. Et eodem libro :[m] Ἴων δ' ἐν Ὀμφάλῃ ἐμφανίσας τὴν Ἡρακλέους ἀδδηφαγίαν ἐπιφέρει·

———— Ὑπὸ δὲ τῆς εὐφημίας
Κατέπινε καὶ τὰ κᾶλα καὶ τοὺς ἄνθρακας.

Casaubonus corrigere conatus est, τῆς εὐφαγίας. Nollem factum. Neque enim quisquam ita locutus est; neque, si fuerit locutus, eo magis conveniret huic loco; quia syllaba secunda foret brevis. Nihil aptius excogitari potest τῆς βουλιμίας· adeo quadrant omnia, similitudo, mensura, sententia. Libet illud afferre cum probationis tum boni ominis causa,

Ἔξω τὰν βούλιμον, ἔσω τὰν πλουθυγίειαν.[n]

Atque hæc quidem de *Omphale* scripseram, cum Strabo mihi ad manum non esset. Posteaquam copia facta est eum adeundi, delectatus sum ejus suffragio confirmari sententiam meam. Verba sunt lib. i.[o] de insulis, quæ continenti quondam adhærentes, postea interfuso mari avulsæ sunt. Ἴων δὲ περὶ τῆς Εὐβοίας φησὶν ἐν Ὀμφάλῃ Σατυρεῖς·

Εὐβοΐδα μὲν γῆν λεπτὸς Εὐρίπου κλύδων
Βοιωτίας ἐχώρισ' ἀκτῆς, ἐκτεμὼν[p]
Πρὸς Κρῆτα πορθμόν.

Locum hunc, ait Casaubonus, *depravatum esse monere possum: emendare non possum sine ope codicum.* Ego vero nullis adjutus codicibus, nisi tamen in integrum restituero,

---

[m] lib. x. c. i. t. iv. p. 4. ed. Schw., ubi ἐμφανίσας αὐτοῦ [scil. Herc.] τὴν ἀδηφ. κ. τ. λ.—Vulgatam εὐφημίας defendit Toupius, *Emend. in Suid.* (*Ep. Crit.*) t. ii. p. 535.; et non temere mutandam judicat Schw., quem vide in *Animadv.* t. v. p. 292. et t. viii. p. 478.—D.]

[n] Vide Plutarch. *Conviv. Disput.* lib. vi. quæst. 8. — *Mor.* t. iii. p. 586. ed. Wyttenb.—Erasmi *Adag.* p. 1436. ed. 1606.—D.]

[o] p. 88. ed. Falc.—D.]

[p] ἐκτεμὼν est e Casauboni emendatione pro vulgata ἐκτέμνων.—D.]

[100]

nihil deprecor, ne dentatis criticorum chartis et canina eloquentia conscindar. Lego autem sic:

Εὐβοΐδα μὲν γῆν λεπτὸς Εὐρίπου κλύδων
Βοιωτίας ἐχώρισ᾽, ἀκτὴν ἐκτεμὼν
Προβλῆτα πορθμῷ.

Homerus, *Od. E.*[q]

Ἀλλ᾽ ἀκταὶ προβλῆτες ἔσαν, σπιλάδες τε, πάγοι τε·

et *Hymno in Bacchum :*[r]

——Ὡς ἐφάνη παρὰ θῖν᾽ ἁλὸς ἀτρυγέτοιο,
Ἀκτῇ ἐπὶ προβλῆτι.

Nec minus recte illud πορθμῷ. Pomp. Mela :[s] " Sicilia . . . . aliquando continens, et agro Brutio adnexa, post *freto* maris Siculi *abscissa* est." Idem Casaubonus legit Ὀμφάλη Σατυρικῇ, vel Σατυρικῷ videlicet δράματι· nam Ionis *Omphalam,* ut Achæi, satyricam fuisse putat. Postea tamen oblitus est hujus loci, cum aureolum illum libellum *De Satyrica* composuit. Sic enim narrat p. 186. *Scripserat et Ion Chius poeta tragicus Omphalam : sed id drama fuisse satyricum nusquam lego.* Tu revoca in memoriam quæ scripsimus supra paullo in hac Epistola, et sine cunctatione lege ἐν Ὀμφάλῃ Σατύροις. Illud etiam notandum, cum numero singulari conjungi Σατύρους· cujus rei exemplum tunc non habuimus. Sic Lycophronis Μενέδημον Σατύρους laudant Athenæus et Laërtius. Jamque etiam in memoriam redeo luculenti loci apud Galenum, *Comm.* i. ad vi. Ἐπιδημιῶν[t] ubi Sophocles citatur in Σαλαμῖνι Σατύροις. Is ita se habet. Νυνὶ δὲ ἀρκέσει τοῖς γραμματικοῖς ἀκολουθήσαντα, κατὰ τὴν ἐκείνων διάταξιν εἰπεῖν τι περὶ τῶν κατὰ τὴν πέμφιγα σημαινομένων. Δοκεῖ μὲν

[q v. 405.—D.]   [r v. 2.—D.]
[s ii. 7.—D.]
[t Galeni *Opp.* t. v. p. 454, 455. ed. Basil.—D.]

γὰρ αὐτὴν[u] ἐπὶ τῆς πνοῆς Σοφοκλῆς ἐν Κολχοῖς[v] λέγειν·
Ἀπῆξε πέμφιξιν οὐ πέλας φόρου. (lege

Ἀπῆξε πέμφιξ Ἰονίου πέλας πόρου.

Sic Æschylus Prometheo :[w]

Χρόνον δὲ τὸν μέλλοντα πόντιος μυχὸς,
Σαφῶς ἐπίστασ᾽, Ἰόνιος κληθήσεται,
Τῆς σῆς πορείας μνῆμα τοῖς πᾶσι βροτοῖς.

Apollonius Rhodius lib. iv.[x] loquens de Colchis :

Τῷ καὶ ὑπέφθη τούς γε, βαλὼν ὑπὲρ αὐχένα γαίης,
Κόλπον ἔσω πόντοιο πανέσχατον Ἰονίοιο.

Vel[y] ad hunc modum, si id minus placet, æque commoda
mutatione ;

Ἀπῆξε πέμφιξ ἐξ ἔω σελασφόρου.)[z]

Καὶ αὐτὸς ἐν Σαλαμίνῃ Σατύροις· Καὶ τάχ᾽ ἂν κεραύνια
πέμφιξι βροντῆς καὶ δυσοσμίας λάβοι. (lege . . . καὶ τάχ᾽
ἂν Κεραύνια Πέμφιξι βροντῆς καὶ δυσοσμίας βάλοι.)[a]
Αἰσχύλος δὲ ἐν Προμηθεῖ Δεσμώτῃ (imo vero Λυομένῳ)·[b]

Εὐθεῖαν ἕρπε τήνδε·[c] καὶ πρώτιστα μὲν

[u] αὐτῆς. ibid.—D.]   [v] Scribendum Κολχίσι.—D.]
[w] v. 864. ed. Blomf., ubi κεκλήσεται.—D.]
[x] v. 307.—D.]
[y] Hæc (" Vel ad . . . . σελασφόρου"), quæ in prioribus editt. paulo supe-
rius leguntur, nunc demum in suum locum reduxi, Bentleio jubente in Cor-
rigendis ad ed. Oxon.—D.]
[z] Ἀπῆξε πέμφιξ ὡς ἰπνοῦ σελασφόρου. Hermannus (De Æsch. Prom. Sol.
Diss.—Opusc. t. iv. p. 276.), de ignivomis tauris verba intelligens.—D.]
[a]   καὶ τάχ᾽ ἂν κεραυνία
          πέμφιγι βροντῆς καὶ δυσοσμίαν λάβοι,
Hermannus, ibid. — " Malim, καὶ ὁ αὐτὸς . . . . . καὶ τάχ᾽ ἂν κεραυνία Πέμφιξ
σε βροντῆς καὶ δυσοσμίας βάλοι. κεραυνία πέμφιξ βροντῆς, ut etesia flabra aquilo-
num, etc. supra, p. 37." [supra, p. 295.] Dobræus, Advers. t. ii. p. 365.—D.]
[b] Dubitat Hermannus; vide Diss. sup. cit.—D.]
[c] ἑρπετὴν δέ. Gal. ibid.—D.]

Βορεάδας ἥξεις πρὸς πνοὰς, ἵν' εὐλαβοῦ[c]
Βρόμον καταιγίζοντα, μὴ σ' ἀναρπάσῃ
Δυσχειμέρῳ πέμφιγι ξυστρέψας[d] ἄφνω.

Ἐπὶ δὲ τῶν ἀκτίνων αὐτῶν δοκεῖ χρῆσθαι τῷ τῆς πέμφιγος ὀνόματι Σοφοκλῆς ἐν Κολχοῖς[e] κατὰ τάδε τὰ ἔπη· Κἂν ἐθαύμασα τῇδε σκοπῶν πέμφιγα χρυσέαν ἰδών. (lege . . . . Κἀπεθαύμασα Τηλέσκοπον πέμφιγα χρυσείαν ἰδών.)[f] οὕτω καὶ Αἰσχύλος· Ἐξαντιαίας[g] οὔτε πέμφιξ ἡλίου προσδέρκεται, οὔτ' ἄστερον στόμα λητώας κόρης. (lege Αἰσχύλος ἐν Ξαντρίαις·

Ἃς οὔτε πέμφιξ ἡλίου προσδέρκεται,
Οὔτ' ἀστερωπὸν ὄμμα Λητῴας κόρης.[h]

Ea fabula citatur in Catalogo Dramatum et Scholiis *Eumenidum*. Pollux x. c. 26.[i] Τὰς μέντοι λαμπάδας καὶ κάμακας εἴρηκεν ἐξαντρίας Αἰσχύλος. MS. codex Is. Vossii habet ἐν ξαντρίαις· ut- et antea viri docti ex conjectura emendarunt. Porro Æschylus in his versibus se ipse imitatus est : nam hæc habet in *Prometheo Vincto*[j] de Græis sive Phorcidibus :

Μονόδοντες, ἃς οὔθ' ἥλιος προσδέρκεται
Ἀκτῖσιν, οὔθ' ἡ νύκτερος μήνη ποτέ.)

Ἐπὶ δὲ τῆς ῥαγίτιδος (lege ῥανίδος[k]) ὁ αὐτός φησιν ἐν Προμηθεῖ·

Ἐξευλαβοῦ δὲ, μή σε προσβάλλῃ στόμα
Πέμφιξ· πικρὰ γὰρ, κοὐ διὰ ζωῆς ἀτμοί.

<hr />

[c] πνοαισιν, εὐλαβοῦ. Gal. ibid.—D.]   [d] τρέψας. Gal. ibid.—D.]
[e] Scribendum Κολχίσι.—D.]
[f] κἂν ἐθαύμασας et χρυσέαν. Hermannus (ibid.), in ceteris Bentleium secutus.—D.]
[g] ἐξ ἀντιαίας. Gal. ibid.—D.]
[h] Consentit Hermannus, ibid. — Οὔτ' ἀστέρων, οὔτ' ὄμμα Λ. κ. corrigit Blomfieldius ad Æsch. *Prom.* 821.—D.]
[i] p. 1295. ed. Hemst.—D.]   [j] v. 821. ed. Blomf.—D.]
[k] Et sic Hermannus (ibid.), qui mox προσβάλῃ.—" Recte Bentleius ῥανίδος (ῥα[υ]τιδος). Deinde Ibyci locus Sophocleo ex Salmoneo præponendus. Hoc

Καὶ ἐν Πενθεῖ· Μηδ' αἵματος πέμφιγα πρὸς πέδῳ βάλῃς.
Ἐπὶ δὲ τοῦ νέφους δοκεῖ τετάχθαι κατὰ τόδε τὸ ἔπος ἐν
Σαλαμήνῃ Σατύροις παρὰ Σοφοκλεῖ· Πέμφιγι πᾶσαν ὀψια-
γέλων πυρός. (scrib. Πέμφιγι πᾶσαν ὄψιν ἀγγέλῳ πυρός.¹)
καὶ παρ' Ἰβύκῳ· Πυκινὰς πέμφιγας πιόμενοι. λέλεκται δὲ
οὗτος ὁ λόγος αὐτῷ κατά τινα παραβολὴν ἐπιχειμαζομένων
(lege ἐπὶ χειμ.) εἰρημένην. διὸ καὶ τῶν προγνωστικῶν οἱ
πλεῖστοι ἐπὶ τῶν κατὰ τοὺς ὄμβρους σταγόνων εἰρῆσθαί
φασι τὰς πέμφιγας. ὁ δὲ Καλλίμαχος ὧδε· Μὴ διὰ πεμ-
φίγων * ἐνάγουσιν ἔα.ᵐ ὁ δὲ Εὐφορίων οὕτως· Εἶπε δ' ἄνθη
πέμφιγες ἐπιτρύζουσι θανόντα. Versus est hexametrus, Εἰ
πεδαναὶ, vel Ἠπεδαναὶ πέμφιγες ἐπιτρύζουσι θανόντα. i. e.
murmure suo quasi lamentari videntur. Possis etiam legere
ἐπικλύζουσι.ⁿ Quod ad Σαλαμῖνα Σατύρους attinet, cujus
gratia cætera emendavimus; nemo me adduxerit, ut verbum
mendo esse vacuum existimem. Æschylus quidem fecit
Σαλαμῖνα, sive Σαλαμινίας· Sophocleæ fabulæ, quæ eo
titulo inscripta sit, nemo alius meminit. Ausim pro certo
dicere lectionem rectam esse Σαλμωνεῖ Σατύροις. Hesychius bis : Σοφοκλῆς Σαλμωνεῖ.

Quatuor hic invectus equis, et lampada quassans,
Per Graiûm populos mediæque per Elidis urbem
Ibat ovans, divûmque sibi poscebat honorem,
Demens! qui nimbos et non imitabile fulmen
Ære et cornipedum pulsu simularat equorum.º

Hactenus quidem argumentum est satyris aptum, et con-
veniens ad hilarem et festum diem. Huc quoque fragmenta

certum; et ita extra dubium ponitur eximia illa emendatio, ὄψιν ἀγγέλῳ πυρός.
Quæ enim sequuntur, sunt istorum verborum explicationes. In Callimacheis
forsan legendum ἔω—*In clouds brings on the day.* In Euphorione malim
ΗΠΕΔΑΝΟΙ. Qu. θανόντι?" Dobræus, *Advers.* t. ii. p. 365.—D.]

[¹ πέμφιγι πλήσας ὄψιν ἀγγέλῳ πυρός. Hermannus in *Diss.* sup. cit. p. 277.
—D.]

[ᵐ ἐναγίσματα. Hermannus, ibid.—D.]

[ⁿ ἠπεδανὸν πέμ. ἐπιτρ. θανόντα. Id. ibid.—D.]

[º Virg. *Æn.* vi. 587.—D.]

illa videntur pertinere; quæ verba sunt cujuspiam qui facete et urbane irridet jocularem illam simiam Tonantis :

———— Καὶ τάχ' ἂν Κεραύνια
Πέμφιξι βροντῆς καὶ δυσοσμίας βάλοι.

———— *Forsan et petet Ceraunia*
Odore tetro et vi corusca fulminis.

Et illud alterum :

Πέμφιγι πᾶσαν ὄψιν ἀγγέλῳ πυρός.

Nimbo ora velans *nuncio tonitrui.*

Atque hucusque Sophocles in eo dramate processit: nam quæ sequuntur plane tragica sunt, et lamentabili carmine deploranda.

At pater omnipotens densa inter nubila telum
Contorsit, (non ille faces, nec fumea tædis
Lumina) præcipitemque immani turbine adegit.[p]

Et hæc quidem conjectura probabili nituntur : sed extra controversiam rem statuit Athenæus lib. xi.[q] Καλεῖται δὲ μάνης καὶ τὸ ἐπὶ[r] κοττάβου ἐφεστηκὸς, ἀφ' οὗ (leg. ἐφ' οὗ) τὰς λάταγας ἐν παιδιᾷ ἔπεμπον· ὅπερ ὁ Σοφοκλῆς ἐν Σαλμωνεῖ χάλκειον ἔφη κάρα, λέγων οὕτως·

Τὰ δ' ἐστὶ κνισμὸς καὶ φιλημάτων ψόφος,
Τῷ καλλικοτταβοῦντι νικητήρια
Τίθημι, καὶ βαλόντι χάλκειον κάρα.

Jam si potes, dubita, an drama satyricum fuerit necne. Profecto qui potest animum inducere, ut versus proximos autumet in tragœdia posse dici, auctor ego sum, ut prius quid sit tragœdia, quid satyri discat, quam de rebus aliquantum a vulgari notitia remotis sententiam ferat.

Undecima Ionis fabula ΕΥΡΥΤΙΔΑΙ. Athenæus lib. xi.[s] Hesych. Ἰήϊος .... θρῆνον σημαίνει, ὡς Σοφοκλῆς Τρωΐλῳ

[p Virg. Æn. vi. 592.—D.]
[q c. lxxv. t. iv. p. 306. ed. Schw.—D.]　　　[r ἐπὶ τοῦ. ibid.—D.]
[s c. xc. t. iv. p. 336. ed. Schw.—D.]

καὶ Ἴων Ἐρυτίδαις: lege Εὐρυτίδαις. Ἀθίκτορας, ἀνεπάφους παρθένους, . . . οἷον Εὐρύτιδες. Pulchre fecisse sibi
visus est, quit emendavit, οἷον Εὐριπίδης. Tu vero meo
periculo repone Ἀθίκτους κόρας, ἀνεπάφους παρθένους, Ἴων
Εὐρυτίδαις.ᵘ Eurytidæ autem, ne quis forte nesciat, sunt
Euryti Œchaliensis filii, quos Hercules occidit. Habes tragœdiæ argumentum. Non prætermittendus est insignis locus
apud Schol. Soph. ad Trachinias.ᵛ Διαφωνεῖται ὁ τῶν
Εὐρυτιδῶν ἀριθμός. Ἡσίοδος μὲν γὰρ (in Ἡοίαις, ut puto,
vel Ἡρωικῇ Γενεαλογίᾳ) τέσσαράς φησιν ἐξ Εὐρύτου καὶ
Ἀντιόχης παῖδας, οὕτως·

Ἡ δ' ὑποκυσσαμένη καλλίζωνος Στρατονίκη
Εὔρυτον ἐν μεγάροισιν ἐγείνατο φίλτατον υἱόν.
Τοῦ δ' υἱεῖς ἐγένοντο Δηΐων τε, Κλύτιός τε,
Τοξεύς τ' ἀντίθεος, ἠδ' Ἴφιτος ὄζος Ἄρηος.
Τοὺς δὲ μέθ' ὁπλοτάτην τέκετο ξανθὴν Ἰόλειαν
Ἀντιόχη κρείουσα, παλαιὸν γένος Αὐβολίδαο.

Κρεόφιλος δὲ δύο· Ἀριστοκράτης δὲ τρεῖς, Τοξέα,. Κλύτιον,
Δηΐονα. Satis jam pernosti, qui sint Ionis Eurytidæ. Sed
haud plene-satisfactum esset promisso nostro, si versus eos
dimitteremus ex manibus, et mendum teterrimum silentio
dissimularemus. Principio legendum Ἀντιόπῃ. Schol. Apol-
lonii :ʷ Κλύτιος καὶ Ἴφιτος—οἱ τῆς Ἀντιόπης παῖδες. Hy-
ginus :ˣ Clytius, et Iphitus, Euryti et Antiopes Pylonis filiæ
filius. Quæ quasi manu nos ducunt ad cætera corrigenda.
Jam enim Hygini auctoritate scribo Πύλωνος pro παλαιὸν
γένος· atque adeo, ut pompam et procemia missa faciam,
versum hunc integrum præstabo, sicut ab Hesiodo profectus
est,

Ἀντιόπη κρείουσα Πύλωνος Ναυβολίδαο.

Nam cedo mihi unum, qui Auboli vel Aubolidæ meminit.

[ᵗ scil. Sopingius.—D.]
[ᵘ Confer nostrum in Addendis.—D.]　　　　[ᵛ v. 264. ed. Erf.—D.]
[ʷ i. 87.—D.]
[ˣ Fab. xiv. p. 42. (Auct. Myth.) ed. Van Stav.—D.]

Naubolus vero nemini ignotus esse possit, qui labris primoribus gustavit literas humaniores. Apollonius Rhodius :[y]

Τῷ δ᾽ ἔπι δὴ θείοιο κίεν Δαναοῖο γενέθλη
Ναύπλιος· ἦ γὰρ ἔην Κλυτονήου Ναυβολίδαο,
Ναύβολος αὖ Λέρνου.

Conveniunt ætas, locus : ut, quanquam de hac re nullum verbum faciant alii scriptores, nihil tamen impediat, quo minus Pylon Nauboli filius esse potuerit. Denique pro Κρεόφιλος lege Κρεώφυλος, qui poema composuit Οἰχαλίας ἅλωσιν : ad quod respexit Scholiastes. De Creophylo consulantur Appuleius, Porphyrius, Strabo, Sextus Empiricus, Suidas, scriptor *Certaminis Hesiodi et Homeri*, Plato Πολιτειῶν x. Photius in Lexico MS. Κρεώφυλος·[z] Πολιτείας ῑ. ὁ γὰρ Κρεώφυλος, ὦ Σώκρατες, ἴσως ὁ Ὁμήρου[a] ἑταῖρος· τοῦτόν τινες καὶ διδάσκαλον Ὁμήρου λέγουσι γεγονέναι, καὶ ἐστὶν αὐτοῦ ποίημα Οἰχαλίας ἅλωσις. ἀρχαῖος μὲν οὖν ἐστὶ, νεώτερος δὲ ἱκανῶς Ὁμήρου. Pausanias *Messenicis* :[b] Θεσσαλοὶ δὲ καὶ Εὐβοεῖς .... λέγουσιν, οἱ μὲν ὡς τὸ Εὐρύτιον .... πόλις τὸ ἀρχαῖον ἦν, καὶ ἐκαλεῖτο Οἰχαλία· τῷ δὲ Εὐβοέων λόγῳ Κρεώφυλος ἐν Ἡρακλείᾳ πεποίηκεν ὁμολογοῦντα. *Heracleam* hanc diversam esse totam ab Οἰχαλίας ἁλώσει sententia est Ger. Vossii. Ægidius vero Menagius asseveranter affirmat pro ἐν Ἡρακλείᾳ scribendum esse ἐν Οἰχαλίᾳ. Demiror equidem viros excellentes ingenio et doctrina morbo minime desperato medicinam non reperisse : quæ, nisi me omnia fallunt, hæc est. Τῷ δὲ Εὐβοέων λόγῳ Κρεώφυλος Ἡρακλέα πεποίηκεν ὁμολογοῦντα. *Eubœensium autem sententiæ Creophylus Herculem induxit convenienter loquentem.* Enimvero pars magna illius poematis fuit Hercules; ut propemodum jam illud audire mihi videar :

Τὸν δ᾽ αὖτε προσέειπε βίη Ἡρακληείη.

[y i. 133.—D.]   [z Κρεόφυλος. ed. Pors.—D.]
[a τοῦ Ὁμ. ibid.—D.]   [b p. 225. ed. Bekk.—D.]

[107]

Similis locutio est in istis, quæ occasione alia supra[c] adduximus : Ἐν τοῖς Κρησὶν Εὐριπίδης Ἴκαρον μονῳδοῦντα ἐποίησεν, et Ἐν ταῖς Κρήσσαις Ἀερόπην εἰσήγαγε πορνεύουσαν· neque opus est, ut plures testes excitemus. Sunt qui Οἰχαλίας ἄλωσιν ad Homerum referunt; sicut auctor est Callimachus[d] apud Strabonem et Sextum :

Τοῦ Σαμίου πόνος εἰμὶ, δόμῳ ποτὲ θεῖον Ὅμηρον
Δεξαμένου· κλαίω δ᾽ Εὔρυτον ὅσσ᾽ ἔπαθε,
Καὶ ξανθὴν Ἰόλειαν. Ὁμήρειον δὲ καλεῦμαι
Γράμμα· Κρεωφύλῳ, Ζεῦ φίλε, τοῦτο μέγα.

Suidas in Ὅμηρος· Ἀναφέρεται δὲ εἰς αὐτὸν καὶ ἄλλα τινὰ ποιήματα, Ἀμαζονία, Ἰλιὰς μικρὰ, Νόστοι, Ἐπικιχλίδες, Ἠθιέπακτος ἤτοι Ἴαμβοι, ... Σικελίας ἄλωσις. Sed pro Σικελίας sine ulla dubitatione legendum est Οἰχαλίας. Addam illud quoque, quod, si bene Millium meum novi, prætermissum esse graviter tulisses : nimirum Ἠθιέπακτος esse verbum nihili, et aliquanto inferius sic scribi, Ἑπταπάκτιος. Καὶ Ἑπταπάκτιον, ait, καὶ Ἐπικιχλίδας . . . . ἐποίησεν. Et prima quidem specie ea conjectura vera videbatur, ἑπτὰ scilicet Ἐπίγονοι. Memineram enim et septem esse Epigonos, et ad Homericorum poematum numerum adscribi. Herodotus iv.[e] Ἀλλ᾽ Ἡσιόδῳ μέν ἐστι περὶ Ὑπερβορέων εἰρημένα, ἐστὶ δὲ καὶ Ὁμήρῳ ἐν Ἐπιγόνοισιν, εἰ δὴ τῷ ὄντι γε Ὅμηρος ταῦτα τὰ ἔπεα ἐποίησε. Sed repudiavi continuo illam sententiam, ubi animadverti Epigonos esse ἔπη, καὶ οὐκ ἰάμβους, non senarios, sed hexametros. Scriptor Certaminis Homeri et Hesiodi :[f] Ὁ δὲ Ὅμηρος ἀποτυχὼν τῆς νίκης, περιερχόμενος ἔλεγε τὰ ποιήματα· πρῶτον μὲν τὴν Θηβαΐδα ἔπη ζ, ἧς ἡ ἀρχὴ,

Ἄργος ἄειδε, θεὰ, πολυδίψιον· ἔνθα[g] ἄνακτες.

[c p. 270.—D.]
[d Call. Ep. vi.—"Apud Sextum legitur, Κρεωφύλου πόν. εἰ., δό. πο. θεῖ. ἀοιδόν, quod magis placet." Bentleius, Not. in Call.—Κρεωφ. et Ὅμηρον edidit Blomf. —D.]
[e c. 32.—D.]   [f p. 14. ed. 1573.—D.]   [g ἔνθεν. ibid.—D.]

Εἶτα ἐπειγομένου (lege non dubitantèr Ἐπιγόνους) ἔπη ζ, ὧν ἡ ἀρχὴ,

Νῦν αὖθ᾽ ὁπλοτέρων ἀνδρῶν ἀρχώμεθα, Μοῦσαι.

Alii et *Thebaidem* et *Epigonos* attribuunt Antimacho Colophonio. De illa quidem res est vulgaris : de his testem habeo Scholiastem Aristoph. ad *Pacem*:[h] Παι. Νῦν αὖθ᾽ ὁπλοτέρων ἀνδρῶν ἀρχώμεθα . . . . Σχολ. ἀρχὴ τῶν Ἐπιγόνων Ἀντιμάχου. Verum extra omnem controversiam rem posuit Joannes Tzetzes, qui utriusque scripti simul mentionem facit, in *Iliade interpretata allegorice,* quæ nondum edita est :

Τρία καὶ δέκα γέγραφε μνημόσυνον βιβλία,
Μαργίτην τε, καὶ Αἶγά τε, καὶ τῶν Μυῶν τὴν μάχην,
Τὴν Ἐπιγόνων μάχην τε γράφει, καὶ Θηβαΐδα,
Τὴν Οἰχαλίαν, Κέρκωπας, εἰς τοὺς Θεούς τε Ὕμνους,
Καὶ τοὺς Ἑπτὰ ἐπάκτιον, καὶ τὰς Ἐπικιγκλίδας,
Καὶ Ἐπιγράμματα πολλὰ, σὺν Νυμφικοῖς τοῖς Ὕμνοις,
Καὶ τὴν Ὀδύσσειαν αὐτὴν μετὰ τῆς Ἰλιάδος.

In his etiam *Œchaliam* habes : sed aliud exemplar non τοὺς habet, verum τὴν Ἑπτὰ ἐπάκτιον. Aut ego plane desipio, aut legendum est

Καὶ τὴν Ἑπταεπάκτιον,[i] καὶ τὰς Ἐπικιχλίδας·

postremam enim vocem non Suidas tantum, sed et Herodotus ita exhibet, et Athenæus lib. ii. et xiv. Quin etiam apud Suidam illud Ἑπταπάκτιον ad hoc exemplum corrigen-

---

[h] v. 1236. ed. Bekk.—D.]

[i] " Scribe τὴν Ἑπτάπεκτον, et hominem [Tzetzen] ride, qui ex uno titulo duos [τοὺς Ἑπτ., et Αἶγα in v. 2.] confinxerit, et verba conjungenda disjunxerit. . . . . . Adcurate satis Proclus in vita Homeri apud Leon. Allatium : Γέγραφε . . . . . ΤΗΝ ΤΕ ΕΠΤΑΠΕΚΤΟΝ ΑΙΓΑ." Toupius, *Emend. in Suid.* (*Ep. Crit.*) t. ii. p. 580.—" Allatii emendationem ἐπτάπεκτον αἶγα, *villosam, hirsutam, ita ut vel septies tonderi possit,* satis firmavit Toupius." Heynius ad Procli *Chrestomath.,* ad calcem Hephæst. p. 470. ed. Gaisf.—D.]

dum est: et pro Ἠθιέπακτοςʲ scribendum videtur ἡ ζεπάκτιος, i. e. ἡ ἑπταεπάκτιος· nam ζ notat ἑπτά. Sic apud Hesychium : Ἐννεωρὸς, θέτης· lege θετης, i. e. ἐνναέτης· quia θ significat ἐννέα· et verbo uno interjecto, Ἐννηὴς, σώφρων, ἀληθὴς, ἀγαθὸς, πατρῷος. Librarii, ut compendium operæ faciant, πηρ scribunt pro πατὴρ, et pro πατρῷος πρῷος, quod in hoc loco depravatum est ex πρᾷος· vide Hes. in Ἐνηής. Cæterum de notatione τῆς Ἑπταεπακτίου, ut et illud attingam, facillimum est multa comminisci : proxime tamen, opinor, ad verum accedent, qui Homerum putaverint in opusculo illo lusisse de hominibus quibusdam numero septem, qui ἐπ᾽ ἀκτῆς *in litore* cibo vel somno curabant corpora, vel aliud quid jocosi et ridiculi faciebant. Homerus ipse in *Certamine cum Hesiodo :*ᵏ Ἀνδράσι ληϊστῆρσιν ἐπ᾽ ἀκτῆς δόρπον ἐλέσθαι· et *Odyss.* V.ˡ Τὸν δ᾽ ἄρ᾽ ἐπ᾽ ἀκτῆς εὖρε καθήμενον. Et Herodotus in *Vita Homeri :*ᵐ Καὶ οὕτως ἀναλαβόντες αὐτὸν ἀνήχθησαν, καὶ ἴσχουσιν ἐπ᾽ ἀκτῆς· οἱ μὲν δὴ ἁλιεῖς πρὸς ἔργον ἐτράπησαν, ὁ δὲ Ὅμηρος τὴν νύκτα ἐπὶ τοῦ αἰγιαλοῦ κατέμεινεν· et aliquanto inferius :ⁿ Καὶ ἀναχθεὶς μετά τινων ἐγχωρίων ἀπηνέχθη εἰς τὴν Ἴον· καὶ ὡρμίσθησαν οὐ κατὰ πόλιν, ἀλλ᾽ ἐπ᾽ ἀκτῆς. Atque hanc vel illam rem verisimile est argumentum et occasionem poemati dedisse. Venio ad ea, quæ *oratione prosa* Ion composuit. Nam in eo genere libros edidisse testis est Plutarchus *De Fortuna Romanorum :*ᵒ Ἴων μὲν οὖν ὁ ποιητὴς ἐν τοῖς δίχα μέτρου καὶ καταλογάδην αὐτῷ γεγραμμένοις φησὶν, ἀνομοιότατον πρᾶγμα τῇ σοφίᾳ τὴν τύχην οὖσαν, ὁμοιοτάτων πραγμάτων γίνεσθαι δημιουργόν. et Suidas in Διθυρ. Ἔγραψε δὲ κωμῳδίανᵖ καὶ ἐπιγράμματα καταλογάδην καὶ Πρεσβευτικὸν λεγόμενον. Portus vertit barbare : *Et epigrammata oratione soluta.* Libenter vero videre vellem nobilia

---

[ʲ " Uterque [Suidæ] locus depravatus est. . . . . Scribendum proculdubio Ἑπτάπεκτος." Toupius, *Emend. in Suid. (Ep. Crit.)* t. ii. p. 578.—D.]

[ᵏ p. 6. ed. 1573.—D.]   [ˡ v. 151.—D.]

[ᵐ p. 19. ed. 1752.—D.]   [ⁿ p. 34. ibid.—D.]

[ᵒ *Mor.* t. ii. p. 206. ed. Wyttenb.—D.]   [ᵖ κωμῳδίας. ed. Gaisf.—D.]

illa epigrammata pedestri sermone facta. Vah! adeone
exaruerat penitus benigna illa vena ingenii? et extincta erat
prorsus ea mentis inflammatio, sine qua nemo fit bonus
poeta? Quid? unane et generosum Ariusium in cellis eva-
nuerat, quo memorant Ionem bene libenter plerumque esse
usum? enimvero verissimum esse comperit, quod olim dixerat
Epicharmus ;^p

Οὐκ ἔντι διθύραμβος, ὅκχ᾽ ὕδωρ πίῃς.

Sed bene est, quod commoda mutatione propulsare possumus
hoc dedecus a summo poeta.^q Sic enim Suidam emendo.
Ἔγραψε δὲ κ. καὶ ἐπιγράμματα, καὶ καταλογάδην ΠΡΕΣ-
ΒΕΤΤΙΚΟΝ λεγόμενον. Schol. Aristophanis :^r Ἔγραψε
.... σκολιὰ, ... καὶ ἐλεγεῖα, καὶ καταλογάδην τὸν
Πρεσβευτικὸν λεγόμενον, ὃν νόθον ἀξιοῦσί τινες εἶναι, οὐχὶ
αὐτοῦ.^s Idem Scholiastes :^t Φαίνεται δὲ αὐτοῦ καὶ Κτίσις,
καὶ Κοσμολογικὸς, καὶ ΤΠΟΜΝΗΜΑΤΑ, καὶ ἄλλά τινά.
Depravatum hunc locum sic corrige : Φαίνεται δὲ αὐτοῦ
ΧΙΟΤ ΚΤΙΣΙΣ. Etymologicon Magnum : Λόγχας μερίδας
Ἴωνες λέγουσιν. Ἴων ἐν Κίου κτήσει· Ἐκ τῆς Τέω λόγχης
λόγχας ποιεῖν.^u Certissime legendum est Ἴων ἐν Χίου
Κτίσει, Ion in Originibus Chii. Videlicet ipse fuit Chius

[^p In *Philoctete*, apud *Athen.* l. xiv. c. xxiv. t. v. p. 276. ed. Schw., ubi Οὐκ
ἔστι, κ. τ. λ.—D.]

[^q " Nimirum καταλογάδην, non secus ac Romanorum *pedestris*, non tantum
prosam orationem, sed *prosæ* etiam *simile* significat; Hesychius καταλογάδην·
πεζῇ, ἢ τὰ πεζῷ λόγῳ γραφόμενα. De Ione Plutarchus de Fortun. Rom. p. 316.
D.: Ἴων μὲν οὖν, ὁ ποιητὴς, ἐν τοῖς δίχα Μέτρου καὶ καταλογάδην αὐτῷ γεγραμμένοις. Scholiastes Aristoph. Pace v. 835. Ionis πρεσβευτικόν· Suidas autem
epigrammata etiam ejus καταλογάδην scripta fuisse, confirmat v. Διθυραμβοδιδάσκαλοι. quamquam Bentleius ad Mill. p. 64. [ed. Oxon.] Suidæ lectionem
sollicitet. qua de re, cum Presbeutici fragmenta nulla supersint, judicare vix
licet." Santenius ad *Terent. Maur.* p. 172., ubi plura.—Ad Suidæ locum ne
verbum quidem Gaisfordius doctissimus, qui vulgatam exhibuit.—D.]

[^r Ad *Pac.* v. 801. ed. Bekk.—D.]

[^s ἀξιοῦσιν εἶναί τινες καὶ οὐχὶ αὐτοῦ. ibid.—D.]

[^t ibid., ubi Φέρεται δὲ αὐτ. κ. τ. λ.—D.]

[^u " In Etymol. dele λόγχας, vel potius λόγχης. *Agros dividere.*" Dobræus,
Advers. t. ii. p. 365.—D.]

natione, et insula Teos Chio propinqua est, non Cio. Athenæus libro x.[v] *Περὶ δὲ ταύτης τῆς κράσεως* Ἴων ὁ ποιητὴς
ἐν τῷ περὶ Χίου φησὶν, ὅτι εὑρὼν ὁ μάντις Παλαμήδης
ἐμαντεύσατο πλοῦν ἔσεσθαι τοῖς Ἕλλησι πίνουσι τρεῖς πρὸς
ἕνα κυάθους. Unum idemque est scriptum; sed rideo eos,
qui hæc perinde ediderunt, quasi essent versus iambici, non
oratio soluta: de mendo autem, quo contaminatus est locus,
nihil suspicati sunt. Quorsum enim pertinet illud εὑρών?
Quid *reperit?* quod pueri clamitant se in faba reperisse?
Ego vero ausim asseverare sic a doctissimo grammaticorum
fuisse scriptum: Ὅτι ὁ οἰωνόμαντις Παλαμήδης, &c.[w] Pausanias in *Achaicis* Ionis quædam citat, ex hoc *Originum*
libro, ut quidem conjicio: non tamen usquequaque servavit
verba auctoris. Ion enim, ut hominem Chium facere par
erat, in prosaicis scriptis Ionica dialecto est usus. Constat
hoc ex superiore loco *Etymologici*, et Harpocrationis alio,
et fragmento alius operis, quod ΕΠΙΔΗΜΙΑΙ inscribitur.
Athenæus xiii.[x] Ἴων οὖν ὁ ποιητὴς ἐν ταῖς ἐπιγραφομέναις
Ἐπιδημίαις γράφει οὕτως· Σοφοκλεῖ τῷ ποιητῇ ἐν Χίῳ
συνήντησα, ὅτε ἔπλει εἰς Λέσβον στρατηγὸς, et quæ sequuntur. Quanquam enim magnam partem perturbata ibi sunt
verba, et in communem sermonem immutata; non obscura
tamen restant vestigia Ionismi: ut κάρτα δοκέον, ἀφαιρέ-
οντα,[y] ἀσσοτέρα, ἔπρησσε, ῥεκτήριος, ἐνωπήθη τῇ ἐπιρρα-
πίσει.[z] Is. Casaubonus ad locum: Ἐνωπεῖσθαι, ait, *si ita
scripsit auctor, nove usurpavit pro* δυσωπεῖσθαι. Nempe,

---

[v] c. xxviii. t. iv. p. 59. ed. Schw.—D.]

[w] ὅτι ὁ ἀλευρόμαντις Παλ. Toupius, *Emend. in Suid.* (*Ep. Crit.*) t. ii. p. 543.—
" Neque Bentleii neque Toupii emendationem probare possum. Mallem legere
Ὅτι ΕΥΡΟΥΝ ὁ μάντις. Constructio erit, Ἐμαντεύσατο πλοῦν ἔσεσθαι ΕΥΡΟΥΝ,
Navigationem fore secundam." Tyrwhittus, *Not. in Toup.* &c. t. iv. p. 426.—" Si
quid esset mutandum, probarem οὔριον, ad πλοῦν relatum, quod proposuit Jacobs
in Animadv. in Eurip. Trag. pag. 141. Sed in librorum scriptura omnino ad-
quiescendum arbitror." Schw. (*Animadv. in Athen.* t. v. p. 387.), qui de Tyr-
whitti conjectura tacet.—D.]

[x] c. lxxxi. t. v. p. 185. ed. Schw.—D.]

[y] ἀφαιρετέοντα. t. v. p. 187. ed. Schw.—D.]

[z] Vide Toupium, *Emend. in Suid.* (*Ep. Crit.*) t. ii. p. 541. et t. iii. p. 69.—D.]

quod mireris, existimavit verba Athenæi esse, non Ionis. Atqui ἐνωπεῖσθαι vox nihili est : ἐνωπήθη vero Ionica, et a νωπεῖσθαι formata. Hesychius : Ἐνώπηται, τεταπείνωται. Antiquum obtinuit, cum depravatum illud protulit ex aliorum fide, nihil ipse suspicans vel sollicitus. Lege vero integre νενώπηται, loco mutili istius. Idem alibi : Νενώνηται, τεταπείνωται, καταπέπληκται. Lege hic quoque νενώπηται. Patriarcha Photius in Lexico MS. : Νενώπηται, καταπέπληκται καὶ κατεστύγνακεν. Rectissime quidem Photius, ut ex hoc Ionis loco perspicuum est. Quid ego de Athenæi interprete dicam, qui Ἐπιδημίας Peregrinationes interpretatur, perinde ac si Ἀποδημίαι inscriberentur ? Verum alibi quoque Ἐπιδημιῶν meminit Athenæus, ut l. iii.[a] Τῶν δὲ χημῶν μνημονεύει Ἴων ὁ Χῖος ἐν Ἐπιδημίαις. Intellige De adventibus clarorum virorum in Chium, sive De iis qui in Chio insula commorati sunt. Similiter ac Polemo librum edidit, De Eratosthenis adventu ad Athenas. Enarrator Comici ad Aves :[b] Πολέμων ἐν τῷ δευτέρῳ περὶ τῆς Ἀθήνησιν Ἐρατοσθένους ἐπιδημίας. Ex Epidemiis petita videntur vel Ὑπομνήμασι, quæ laudat Plutarchus in Vita Periclis ; et Cimonis[c] etiam non longe a principio : Ἦν δὲ καὶ τὴν ἰδέαν οὐ μεμπτὸς, ὥς φησιν Ἴων ὁ ποιητής, ἀλλὰ μέγας, οὔλῃ καὶ πολλῇ τριχὶ κομῶν τὴν κεφαλήν. Quæ sine dubio est oratio pedestris, et magis Plutarchi verba, ut suspicor, quam Ionis. Magnus tamen Grotius[d] ad iambos tragicos redigere conatus est :

Τὴν γὰρ ἰδέαν οὐ μεμπτὸς, ἀλλ᾽ ἔην[e] μέγας,
Οὔλῃ τε πολλῇ τε τριχὶ τὴν κεφαλὴν κομῶν.

Hæccine autem oratio, tam leves numeri tragicum quid spirant, et cothurno dignum ? Haud vidi magis. Quid illud ibidem,[f] bene multis interjectis ? Ὁ δ᾽ Ἴων ἀπομνημονεύει καὶ τὸν λόγον, ᾧ μάλιστα τοὺς Ἀθηναίους ἐκίνησε (Κίμων), παρακαλῶν μήτε τὴν Ἑλλάδα χωλὴν, μήτε τὴν πόλιν ἑτερό-

---

[a] c. xliv. t. i. p. 362. ed. Schw.—D.]   [b] v. 11. ed. Bekk.—D.]
[c] Plut. Opp. t. iii. p. 182. ed. Reisk.—D.]   [d] Exc. p. 451.—D.]
[e] ἦεν. ibid.—D.]   [f] Plut. Opp. t. iii. p. 209. ed. Reisk.—D.]

ζυγὰ περιϊδεῖν γεγενημένην. Grotius[e] perinde hæc accepit, tanquam si ex tragœdiæ choro desumpta fuissent:

Μήτε τὴν Ἑλλάδα χωλὴν,

Μήτε τὴν πόλιν ἑτερόζυγα

Περιϊδεῖν γεγενημένην.

Nos pusilli homunculi vix possumus carere venia, cum etiam maximi heroes labuntur identidem et hallucinantur turpissime. Scripsit Ion et *Philosophica*, ut *ΚΟΣΜΟΛΟΓΙΚΟΝ·* Schol. Aristoph.[f] et, si Suidæ[g] credimus, *De Meteoris*, et *Compositas* sive ornatas *orationes:* Οὗτος, ait, ἔγραψε περὶ Μετεώρων καὶ Συνθέτους λόγους. Quo nihil ineptius vel falsius dici potuit. Imo neque magis contumeliose, siquis ἐπαριστέρως et perverse interpretari velit de sermonibus ad fraudem et fallaciam compositis, secundum illud Æschyli in *Prometheo :*[h]

————— Μηδέ μ᾽ οἰκτίσας

Ξύνθαλπε μύθοις ψευδέσι, νόσημα γὰρ

Αἴσχιστον εἶναί φημι συνθέτους λόγους.

Error autem ortus est ex perperam intellecto loco Scholiastæ Aristoph. ad *Pacem.*[i] Poetæ scilicet dithyrambici verborum amant tralationes ἐκ τῶν μετεώρων, ex astris, nubibus, aliisque quæ in sublimi fiunt; libenter etiam vocabulis sesquipedalibus et coagmentatis utuntur. Demetrius περὶ Ἑρμηνείας·[j] Ληπτέον δὲ καὶ σύνθετα ὀνόματα, οὐ τὰ διθυραμβικῶς συγκείμενα, οἷον Θεοπεράτους[k] πλάνας, οὐδὲ Ἄστρων δορύπυρον στρατὸν, ἀλλ᾽ ἐοικότα τοῖς ὑπὸ τῆς ἀληθείας συγκειμένοις. Et Horatii illud: " Seu per audaces *nova* dithyrambos Verba devolvit."[l] Ipse Suidas alibi:[m] Διθυραμβοδιδάσκαλοι περὶ τῶν μετεώρων καὶ τῶν νεφελῶν λέγουσι πολλὰ, καὶ συνθέτους δὲ λέξεις ἐποίουν, καὶ ἔλεγον ἐνδιαεριανερινηχέτους·[n] οἷος ἦν Ἴων ὁ Χῖος ποιητής. Omnino

---

[e] *Exc.* p. 449.—D.]   [f] Ad *Pac.* v. 801. ed. Bekk.—D.]

[g] In ᾽Ιων.—D.]   [h] v. 705. ed. Blomf.—D.]

[i] vv. 795, 797. ed. Bekk.—D.]   [j] p. 42. ed. Schn.—D.]

[k] θεοτεράτους. ed. Schn., cujus notam adeas, p. 142.—D.]

[l] *Carm.* iv. 2.—D.]   [m] In Διθυραμβοδιδ.—D.]

[n] Vulgo ἐνδιαεριαιερινηχέτους.—D.]

vide Aristophanem in *Pace*,[1] ejusque enarratorem. Itaque jam manifesto compertum et deprehensum est Suidæ mendacium. *ΤΡΙΑΓΜΟΝ.* Locus est illustris apud Harpocrationem, quem ex usu fuerit integrum describere. Ἴων. Ἰσοκράτης ἐν τῷ περὶ τῆς Ἀντιδόσεως. Ἴωνος τοῦ τῆς τραγῳδίας ποιητοῦ μνημονεύοι ἂν νῦν ὁ ῥήτωρ (atqui nec in ea oratione, nec in reliquis quæ nunc extant, est ulla mentio Ionis, quod sciam), ὃς ἦν Χῖος μὲν γένος, υἱὸς δὲ Ὀρθομένους, ἐπίκλησιν δὲ Ξούθου. ἔγραψε δὲ καὶ μέλη πολλὰ καὶ τραγῳδίας, καὶ φιλόσοφόν τι σύγγραμμα τὸν Τριαγμὸν ἐπιγραφόμενον, ὅπερ Καλλίμαχος ἀντιλέγεσθαί φησιν, ὡς Ἐπιγένους. Ἐν ἐνίοις δὲ καὶ πληθυντικῶς ἐπιγράφεται Τριαγμοί, καθὰ Δημήτριος ὁ Σκήψιος καὶ Ἀπολλωνίδης ὁ Νικαεὺς ἀναγράφουσι δὲ ἐν αὐτῷ τάδε· Ἀρχὴ δέ μοι τοῦ λόγου πάντα τρία, καὶ πλέον τοῦδε, πλέον ἐλάσσων τούτων τριῶν ἑνός, ἑκάστου ἀρετὴ τριὰς, σύνεσις καὶ κράτος καὶ τύχη.[m] Male ista percepit interpres, qui ita vertit: *velut ex eo Dem. Sc. et Ap. N. ista commemorant.* Ego vero sic interpungendum esse censeo: καθὰ Δ. ὁ Σ. καὶ Α. ὁ Νικαεύς. Ἀναγράφουσι δὲ, nimirum aut Eratosthenes in *Descriptionibus temporum*, aut potius Callimachus in *Tabulis omnis generis librorum*. Nam ἀναγράφειν est *in tabulas recensere et mittere, in catalogum referre.* Ipse Harpocration alibi: Εὔηνος. . . . Δύο ἀναγράφουσιν Εὐήνους ἐλεγείων ποιητάς, ὁμωνύμους ἀλλήλοις· καθάπερ Ἐρατοσθένης ἐν τῷ περὶ Χρονογραφιῶν. Athenæus xv.[n] Καὶ τὸν λόγον τοῦτον ἀνέγραψε Καλλίμαχος ἐν τῇ τῶν Ῥητορικῶν Ἀναγραφῇ, in Catalogo librorum Rhetoricorum. Hunc autem morem in *Tabulis* istis tenebat Callimachus, ut cujusque libri prima verba describeret; sicut hic fit apud Harpocrationem. Unum tantummodo exemplum afferam, quia pridem hæc ab eruditis sunt occupata. Athen. lib. vi.[o] Τοῦ Χαιρεφῶντος καὶ σύγγραμμα ἀναγράφει Καλ-

[1 vv. 795 sqq. ed. Bekk.—D.]

[m " Malim, λόγου παντὸς . . . . ἔλασσον τούτων (omisso τριῶν), vel τῶν τριῶν. In fine lege τρία pro τριάς. Pro ἐν τούτῳ [αὐτῷ] qu. ἐκ τούτων." Dobræus, *Advers.* t. ii. p. 365.—D.]

[n c. ix. t. v. p. 438. ed. Schw., ubi Ῥητ. Ἀπογραφῇ.—D.]

[o c. xliii. t. ii. p. 435. ed. Schw.—D.

λίμαχος ἐν τῷ τῶν παντοδαπῶν συγγραμμάτων Πίνακι,[p] γράφων οὕτως· Δεῖπνα ὅσοι ἔγραψαν. Χαιρεφῶν Κυρηβίωνι. εἶθ᾽ ἐξῆς τὴν ἀρχὴν ὑπέθηκεν· Ἐπειδή μοι πολλάκις ἐπέστειλας. στίχων τοε. Καὶ ὁ Κυρηβίων δὲ ὅτι παράσιτος, προείρηται. Ita locus iste corrigendus est. Chærephon parasitus ad ὁμότεχνον suum Cyrebionem epistolam misit, in qua describit cœnam quandam sine dubio opipare apparatam. Χαιρεφῶν Κυρηβίωνι· Ἐπειδή μοι πολλάκις ἐπέστειλας, &c. Quod si vulgatam lectionem servare velis, Χαιρεφῶν, Κυρηβίων· jam non Chærephontis verba forent, quæ Athenæi sententia est; sed Cyrebionis. Illud autem exordium Τριαγμοῦ nondum a viris doctis emendatum esse demiror; qui, etsi dissimulant et mussant, juxta id intelligunt, ac si in Ovidii *Getica* incidissent. Me auctore sic lege: Ἀρχὴ δέ μοι τοῦ λόγου Πάντα τρία, καὶ οὔτε πλέον οὔτε ἔλασσον τούτων τριῶν Ἑνὸς ἑκάστου ἀρετὴ, τριάς· σύνεσις, κράτος, καὶ τύχη.[q] Ubi singula quidem verba sunt communia: qui tamen ex ipso charactere et forma dicendi non sentit Ionismum, nihil sentit. De *Epigene* vero, quo me vertam nescio, ita res et hinc et inde magnam habet difficultatem. Nam ecce tibi Suidas, qui non Epigenem, sed Orpheum auctorem faciat Τριαγμῶν. (Ὀρφεὺς,) inquit, ἔγραψε Τριαγμοὺς,[r] λέγεται[s] δὲ εἶναι Ἴωνος τοῦ τραγικοῦ. Cumque Epigenem video enarrationem Orphei fecisse, Clementi memoratam Στρωμ. i.[t] Ἐπιγένης ἐν τοῖς περὶ τῆς εἰς Ὀρφέα ποιήσεως Κέρκωπος εἶναι λέγει τοῦ Πυθαγορείου τὴν εἰς Ἅδου Κατάβασιν καὶ τὸν Ἱερὸν λόγον·—(Proclus tamen *In Timæum* lib. v.[u] ipsum Pythagoram hujus auctorem laudat. Ἃ γὰρ, ait, Ὀρφεὺς δι᾽ ἀπορρήτων λόγων μυστικῶς παραδέδωκε, ταῦτα Πυθαγόρας ἐξέμαθεν, ὀργιασθεὶς ἐν Λειβήθροις τοῖς Θρα-

---

[p] ἐν τῷ τῶν παντοδαπῶν Πίνακι correxit Bentleius, *Callim. Frag.* p. 471. ed. Ern., probante Schw.—D.]

[q] ἀρχὴ ἥδε μοι τοῦ λόγου. πάντα τρία καὶ πλέον οὐδὲ ἔλασσον. τούτων τῶν τριῶν ἑνὸς ἑκάστου ἀρετὴ τριὰς, σύνεσις καὶ κράτος καὶ τύχη. Harpocr. p. 103. ed. Bekk.—D.]

[r] vulgo Τριασμούς.—D.]   [s] vulgo λέγονται.—D.]
[t] p. 397. ed. Pott.—D.]   [u] p. 291. ed. Basil.—D.]

κίοις 'Αγλαοφάμω τελεστὰ μεταδιδόντος, ἦν περὶ Θεῶν
'Ορφεὺς σοφίαν παρὰ Καλλιόπης τῆς μητέρος ἐπινύσθη·
ταῦτα γάρ φησιν ὁ Πυθαγόρας ἐν τῷ 'Ιερῷ λόγῳ. Unde
constat 'Ιερὸν, ut alia scripta Pythagorica, dialecto Dorica
fuisse compositum) :—et v.[t] 'Επιγένης ἐν τῷ περὶ τῆς 'Ορφέως
ποιήσεως τὰ ἰδιάζοντα παρ' 'Ορφεῖ ἐκτιθέμενός φησι, Κερ-
κίσι καμπυλόχρωσι, τοῖς ἀρότροις μηνύεσθαι, &c. : cum hæc,
inquam, lego, propemodum adducor in eam opinionem, ut
Harpocration hoc exemplo scripserit : ὅπερ Καλλίμαχος
ἀντιλέγεσθαί φησιν, ὡς καὶ 'Επιγένης. E diverso ubi illud
venit in mentem, Orphei ipsius et Pythagoræ quoque mentionem factam esse in illis Τριαγμοῖς, continuo sententiam
eam abjicio, et manifesti erroris Suidam arguo. Clemens
Στρ. i.[u] 'Ίων δὲ ὁ Χῖος ἐν τοῖς Τριαγμοῖς καὶ Πυθαγόραν εἰς
'Ορφέα ἀνενεγκεῖν τινα ἱστορεῖ· et Diogenes Laërt.[v] 'Ίων δὲ
ὁ Χῖος ἐν τοῖς Τριαγμοῖς φησὶν αὐτὸν (τὸν Πυθαγόραν) ἔνια
ποιήσαντα ἀνενεγκεῖν εἰς 'Ορφέα. Itaque constat Suidam
alterutrius verba perperam cepisse : et præstabilius est re-
ceptam Harpocrationis lectionem sartam et tectam tueri.
Nempe ut suspicor libri Epigenis cum Ionis scriptis con-
juncti ferebantur : is enim commentarium fecerat in Ionis
tragœdias ; quod scias ex Athenæo lib. xi. cap. v. :[w] ut nihil
miri sit, si librariorum, qui omnia perturbant et miscent, alii
tanquam Ionis Τριαγμοὺς inscripserint, alii ut Epigenis.

Pag. 174 [181]. Καὶ μετὰ Μίνωα Αὐλέας τραγικοὺς χοροὺς
δραμάτων συνεγράψατο. Permirum fortasse videatur, Milli
doctissime, tenebrionem illum Auleam pro Æschylo a Joanne
dici. Quid autem admirationis habet, cum in memoria quis
teneat tot alias hallucinationes hominis ? Etiam p. 74 citatur Αὐλέας ὁ σοφώτατος de Endymione, quem in monte
Cariæ Luna consopivit, ut eum dormientem oscularetur.
Suspicor et hic quoque significari Æschylum, qui in fabula
Caribus sive Europa non potuit non eam historiam attingere.
Illud autem quam longe abest a vero, quod Æschylum

[t p. 675. ed. Pott.—D.] [u p. 397. ed. Pott.—D.]
[v In Pyth. p. 493. ed. Meib.—D.]
[w c. xxxiv. t. iv. p. 232. ed. Schw.—D.]

narrat primum instituisse choros tragicos ! E diverso partes chori, antea quam Æschylus tragœdias faceret, erant altero tanto longiores, quam post. Sed ea res nisi pluribus verbis explicari non potest : tota fere scenæ ratio et historia est illustranda; complures auctorum loci qua corrigendi, qua novo modo interpretandi; multi errores amovendi, jam ipsa vetustate cani et venerabiles. Nemo enim unus ex cohorte eruditorum, qui in eo argumento tantopere laborarunt, scire adhuc potuit, quid Thespis, quid Æschylus et Sophocles inventis addiderunt. Itaque tam odiosa disceptatione patienter carere possis in præsentia : imo vereor ut citra fastidium epistolam perlegas etiam absque ista concertatione nimium loquacem. Me quidem et moræ pertæsum est et ineptiarum.

P. 214. Στησίχορος καὶ Βακχυλίδης, οἳ ἦσαν ὀρχήσεως εὑρεταὶ, καὶ ποιηταί. Quid narras? nimirum nostra nos opinio fefellit, qui credidimus te Antiochiæ esse natum. Siquidem auctor est Lucianus Antiochenses de saltatoribus optime omnium judicare potuisse : te autem cum aliarum omnium, tum hujus artis imperitissimum videmus. Rogo te, homo hominum ignavissime, nunquamne Sacras Scripturas lectitasti? nonne ibi frequens saltationis mentio diu diuque, antequam Stesichorus nasceretur? quid? ne Homerum quidem per transennam aspexisti? jam ergo eum audias licet :

'Ορχηστὺς, μολπή τε, τάπερ τ' ἀναθήματα δαιτός.[x]

"Αλλῳ μὲν γὰρ ἔδωκε θεὸς πολεμήϊα ἔργα,
"Αλλῳ δ' ὀρχηστὺν, ἑτέρῳ κίθαριν καὶ ἀοιδήν.[y]

Scio tamen, quid in fraudem te impulit; nempe nomen Stesichori, tanquam si primus ἐστήσατο χορούς· et poemata quædam Bacchylidis, quæ Ὑπορχήματα inscripta sunt, et a Stobæo citantur, et Athenæo lib. xiv.[z] Ἡ δ' ὑπορχηματικὴ ἐστιν, ἐν ᾗ ᾄδων ὁ χορὸς ὀρχεῖται· φησὶ γοῦν ὁ Βακχυλίδης·

[x] Od. i. 152., ubi Μολπή τ' ὀρχηστύς τε· τὰ γάρ τ' ἀν. δαιτ.—D.]
[y] Il. xiii. 730.—D.]   [z] c. xxx. t. v. p. 288. ed. Schw.—D.]

Οὐχ ἕδρας ἔργον, οὐδ' ἀμβολᾶς. Locus aliquanto integrior est apud Dionysium Halicarnassensem.[a] Οὐχ ἕδρας ἔργον, οὐδ' ἀμβολᾶς, ἀλλὰ χρυσαίγιδος Ἰτωνίας χρὴ παρ' εὐδαίδαλον ναὸν ἐλθόντας ἀβρόν τι δεῖξαι. Omnes cretici præter unum pedem, qui in pæonem solutus est; adeo ut, cum hunc locum lego, coram oculis videre videar ὑπορχουμένους et subsultantes. Nec tamen princeps et inventor hyporchematum Bacchylides; sed, ut quibusdam videtur, Pindarus; ut alii volunt, Xenodamus. Vide Clementem, Athenæum, et Plutarchum περὶ Μουσικῆς.

P. 133. Γλαῦκος, ἰσχυρὸς, φρόνιμος, εὐσεβής. Atqui, O Malela, tantum abest, ut sapiens fuerit iste Glaucus, ut ejus nomen in proverbii consuetudinem venerit, de homine qualis tu es, qui nescit quid sit in rem suam; qui permutat

$$\text{Χρύσεα χαλκείων, ἑκατόμβοι' ἐννεαβοίων.}^{\text{b}}$$

Sed est potius ut librarii hoc esse facinus existimem, (præsertim si non idem istud ἰσχυρὸς iterasses,) et orationem esse continuandam ad hoc exemplum: (Αἰνείας) εὐπώγων, γλαυκὸς (cæsius), φρόνιμος, εὐσεβής.[c] Agnosco pium Æneam; et ita plane Isaacius Porphyrogenitus.

Illud p. 329. Καὶ κατηνέχθη ὁ Σίμων . . . . ἐπὶ τὴν πλατείαν, καὶ ἐψόφησε,[d] satis quidem congruenter ad hellenismum vertit interpres,[e] sed non apposite ad sententiam. Quid si interpretemur τὸ ἐψόφησε, ut, quod in N. T.[f] de Juda Iscariota dictum est, ἐλάκησε μέσος, increpuit[g] medius? Hesy-

---

[[a] De Comp. Verb., Opp. t. v. p. 206. ed. Reisk.—De hoc Bacchylidis loco vide Gaisfordium ad Hephæst. p. 330., necnon Hermannum in Elem. Doct. Met. p. 126. ed. Glas.—D.]

[[b] Hom. Il. vi. 236.—D.]

[[c] Malelæ verba sic se habent;

Αἰνείας κονδοειδὴς, παχὺς, εὔστηθος, ἰσχυρὸς, πυρράκης, πλατόψις, εὔρινος, λευκὸς, ἀναφάλας, εὐπώγων.

Γλαῦκος, ἰσχ., φρόν., εὐσ.   D.]

[[d] Sic Malelas: καὶ ηὔξατο ὁ Πέτρος, καὶ κατηνέχθη Σίμων ὁ μάγος ἐκ τοῦ ἀέρος εἰς τὴν γῆν, ἐπὶ τὴν πλατ., καὶ ἐψ.—D.]

[[e] . . . . " magno cum sonitu in plateam decidens, interiit."—D.]

[[f] Act. Apost. i. 18.—D.]

[[g] Legendum videtur " crepuit."—D.]

chius: Ἔλακεν, ἐψόφησεν· et Λακεῖν, ψοφῆσαι. Pagina autem
16 sane dormitavit interpres, ut in opere longo et ingrato facile
queat somnus obrepere. Ἀχαΐα, Πελην̀η, ἡ καλουμένη Πελο-
πόννησος· *Achæa, Pelena, quæ et Peloponnesus dicta est.*
Obsecro, quis istud vel fando audivit? Scribe Ἀχαΐα, Πελ-
λήνη· et verte, *Achæa, Pellene, et quæ Peloponnesus vocatur.*
Πελλήνη est Achææ urbs. Vide Geographos. Apollonius
Argon. i.[g]

> Ἀστέριος δὲ καὶ Ἀμφίων, Ὑπερασίου υἷες,
> Πελλήνης ἀφίκανον Ἀχαιΐδος.

Vereor ne putidum sit adnotare, Βούττιος, Βόττιος, et Βώτ-
τιος vitiose dici apud Malelam pro Βρούττιος sive Βρέττιος.
Hoc quidem exploratum est, cum eandem plane narrationem
ex Brutio afferant Georgius et Hieronymus.   Ita p. 200
Θάλης, καὶ Κάστωρ, καὶ Πολύβιος depravate pro Θάλλος.
Similiter enim Castorem, Thallum, et Polybium de rebus
Assyriacis una citat Syncellus.   Et adhuc p. 221 Callima-
chus ἐν Ἐτησίοις pro Αἰτίοις.   Neque enim Αἴτιαι inscri-
buntur, nequis erret, sed Αἴτια, ut in Epigrammate lib. i.
Anthol. cap. lxvii.[h]

> Καλλίμαχος τὸ κάθαρμα, τὸ παίγνιον, ὁ ξύλινος νοῦς.
> Αἴτιος ὁ γράψας Αἴτια Καλλιμάχου.

Appello ad elegantiorum hominum judicia, annon melior
aliquanto sit lectio ex conjectura nostra:

> Αἴτιος, ὁ γράψας Αἴτια, Καλλίμαχος.

Cæterum homo Malelæ germanissimus Fulgentius Plancia-
des,[i] *Jentaculum,* inquit, *gustatio dicitur. Callimachus Intesia:
Jentaculum proferre Jovi.* Diceres hunc a Joanne Ἐτήσια
illa mutua petiisse. Illud vero incredibile videatur, Cyre-
næum illum Latine loqui et quidem versu: nam sic lego,

[g v. 176.—D.]
[h *Anth. Gr. ex rec. Br.* (ed. Jacobs.) t. iii. p. 67.—*Anth. Gr. ad fid. Cod. Pal.*
&c. t. ii. p. 396.— Hoc distichon Apollonio Rhodio tribuitur: vide Jacobsii
Animadv. in Anth. Gr. t. ii. p. iii. p. 47.—D.]
[i *Expos. Serm. Antiq.—Auct. Myth. Lat.* p. 779. ed. Van Stav.—D.]

Jentaclum proferre Jovi ———— Sed minuit admirationem,
quod Fulgentius et Mnaseæ *Εὐρωπιακὰ* et Demosthenis
Philippica[j] viderit Latino sermone conscripta.[k] Sicut Ovi-
dianæ *Ibidis* vetus enarrator putidissimos versus eosque
Latinos Eupolidi et (jocularem hominis confidentiam!) De-
mocrito affingit. Illud præterea pag. 52. *Καθὼς Δήμαρχος ὁ σοφώτατος
συνεγράψατο περὶ τοῦ αὐτοῦ Διονύσου,* corrupte exhibetur
loco *Δείναρχος.* Nam Georgius eandem historiam memo-
rans, *Δείναρχος,* ait, *ὁ ποιητὴς, οὐχ ὁ ῥήτωρ·* et Hieronymus: *Dinarchus poeta, non rhetor.* De quo in diversas
sententias ierunt viri docti. Verba Demetrii Magnetis in
opere *Περὶ τῶν Ὁμωνύμων,* apud Dionysium Halic.[l] *Δεινάρ-
χοις δὲ ἐνετύχομεν τέτταρσιν, ὧν ἐστὶν ὁ μὲν ἐκ τῶν ῥητόρων
τῶν Ἀττικῶν· ὁ δὲ τὰς περὶ Κρήτην συναγήοχε μυθολογίας·
ὁ δὲ πρεσβύτερος μὲν ἀμφοῖν τούτοιν, Δήλιος δὲ τὸ γένος,
πεπραγματευμένος τοῦτο μὲν ἔπος, τοῦτο δὲ πρᾶγμα· τέ-
ταρτος δὲ ὁ περὶ Ὁμήρου λόγον συντεθεικώς.* Et Gerardus
quidem Vossius in præclaro opere *De Historicis :*[m] *Dinarchus,*
ait, *Delius Cretenses fabulas collegit, ut cognoscimus ex Diony-
sio Hal. . . . Videtur idem signari ab Eusebio, . . . ubi de Bacchi
gestis loquens, ait,*"Ὡς φησι Δείναρχος ὁ ποιητὴς, οὐχ ὁ ῥήτωρ.
Condonamus quidem ei *ἁμάρτημα μνημονικόν·* neque enim
Delius fuit Cretensium Fabularum collector, sed secundus
iste nescio quis; quem vix est ut existimem eas versibus
edidisse, saltem hoc non exploratum est. Scaliger in *Græca*
Eusebii p. 31.[n] *Viderint,* ait, *eruditi, an tertius Dinar-
chorum* Δήλιος τὸ γένος, πεπραγματευμένος τοῦτο μὲν ἔπος,

[j] Edd. *Epist. ad Mill.,* aut Bentleii aut typothetæ errore, " Philosophica."
—D.]

[k] Sed audiamus Fulgentium: " Mnaseas tamen iii. Europæ libro scribsit
Apollinem, postquam ab Iove ictus," &c. . . . . " Demosthenes ad Philippum:
sed quidem [l. sed ne quid] te Græcum turbet exemplum, ego pro eo Latinum
tibi feram," &c. *Expos. Serm. Antiq.—Auct. Myth. Lat.* pp. 768, 774. ed. Van
Stav.—D.]

[l] *De Dinarcho Judic., Opp.* t. v. p. 631. ed. Reisk.—D.]
[m] *De Historicis Græcis,* p. 355. ed. 1677.—D.]
[n] p. 254. ed. 1606.—D.]

τοῦτο δὲ πρᾶγμα, sit iste poeta, quem innuit Eusebius. Nam sane mihi ignotus est. Hactenus quidem accedo, ut aut iste sit poeta de quo Eusebius, aut nullus ex quatuor. Sed amabo, quid sibi vult illud πρᾶγμα? nam, quantum ego video, nulla ei subest sententia neque scientia. Latine sic vertas: Dinarchus genere Delius, qui aliquid dixit, et aliquid fecit: sive, qui aliquid versu dixit, aliquid re ipsa. Profecto non multum in Demetrio perdidimus, si omnia sic dixit. Sed opinor neminem inficias iturum, quin mutatione commoda et illi suus honos, et orationî sua sententia restitui possit, si legamus: πεπραγματευμένος τοῦτο μὲν ἔπος, τοῦτο δὲ γράμμα, id est, qui quædam heroico carmine conscripsit, alia oratione prosa: vel, (quia τὸ γράμμα quodvis scripti genus nonnunquam significat,) τοῦτο δὲ δρᾶμα, qui et poemata heroica et dramata edidit.

Domninus iste χρονογράφος non aliunde quam a Malela cognosci potest a quo sæpissime ad partes vocatur. Antiochensem fuisse certissimis signis deprehendes, ubi per otium licebit locos istos consulere: probabiliter etiam dixeris, deduxisse eum historiam ab exordio mundi usque ad Justiniani tempora. Itaque inclinat animus, ut hunc fuisse Domninum illum existimem, qui ea tempestate fuit ecclesiæ Antiochensis Episcopus. Nam sane sicut hic a Joanne p. 265 Domnus vocatur: ita istum Patriarcham hi Domnum, illi Domninum appellant. Accedit huc, quod plerique omnes, qui aggressi sunt tempora describere, fuerunt Episcopi; Victor, Prosper, Theophilus, Eusebius, et Georgius Episcopus designatus.

Equidem nescio, utra res majorem admirationem attulerit, tot nomina hominum propria a Joanne corrupta esse, an ea menda a doctissimo interprete dissimulata fuisse et silentio prætermissa: verbi gratia; p. 101 et 171 Τυνδάριος pro Τυνδάρεως. Ἀνδρόγηος 107 pro Ἀνδρόγεως. Πλησιώνης 121 pro Πληϊόνης; atque ea quidem non mater erat Atlantis, verum uxor. Ἰωβάτης 103 pro Ἰοβάτης. Μηδίαν τὴν τοῦ Ἀέτου 97 pro Μηδείαν τὴν τοῦ Αἰήτου. Πέλωψ et Πέλωπος 99 et 104 pro Πέλοψ et Πέλοπος. Ἀμφίωνα 55 pro

Ἀμφίονα. Αἰνειάδες pro Αἰνειάδαι. Ἰωκάστη 59 pro Ἰο-
κάστη. Ἐτεωκλέους 63 pro Ἐτεοκλέους. Ἀμφίαρος 63 pro
Ἀμφιάραος. Δευκαλίων ὁ υἱὸς Ἕλενος τοῦ Πήκου 84 pro
Ἕλληνος; nec tamen Deucalionis pater erat Hellen, sed
filius. Ἀντιφάντην 145 pro Ἀντιφάτην. Τηλέφου regis Latinorum 205 pro Τηλεμάχου, quorum hic Ulyssis et Penelopes
filius, ille Herculis et Auges. Duorum verborum similitudine
tota historiæ ratio est perturbata. Sed propemodum omni
fide majora sunt errata p. 135, ubi Græcorum duces recenset,
qui contra Trojanos arma ceperunt. Nam ut de numero
navium, etsi ea ratio longe vitiosissima est, nihil dicam;
ecce tibi Μενέλαος καὶ Λήϊστος pro Πηνέλαος καὶ Λήϊτος.
Homerus:

> Βοιωτῶν μὲν Πηνέλεως καὶ Λήϊτος ἦρχον,
> Ἀρκεσίλαός τε, Προθοήνωρ τε, Κλόνιός τε.[1]

Μέγης ἐκ Δολίχης τῆς Ἑλλάδος, ex Doliche Helladica, pro
ἐκ Δουλιχίου ἐξεναντίας τῆς Ἤλιδος·

> Οἳ δ' ἐκ Δουλιχίοιο, Ἐχινάων θ' ἱεράων
> Νήσων, αἳ ναίουσι πέρην ἁλός, Ἤλιδος ἄντα,
> Τῶν αὖθ' ἡγεμόνευε Μέγης, ἀτάλαντος Ἄρηϊ.[m]

Ἀγήνωρ καὶ Τευθίδης. Euge vero, Malela, qui de oppidi
nomine heroem confinxisti. Siquidem in Homero legimus
Ἀγαπήνωρ ἐκ Τεγέης·

> Οἵ τ' ἔχον Ἀρκαδίην καὶ Κυλλήνης ὄρος αἰπὺ,
> . . . .
> Καὶ Τεγέην εἶχον καὶ Μαντινέην ἐρατεινὴν,
> . . . .
> Τῶν ἦρχ' Ἀγκαίοιο πάϊς, κρείων Ἀγαπήνωρ.[n]

Ex Tegea eum profectum esse epitaphium[o] satis indicat:

[1 *Il.* ii. 494.—D.]   [m *Il.* ii. 625.—D.]
[n *Il.* ii. 603 (ubi Οἳ δ' ἔχ. Ἀρκ., ὑπὸ Κυλ. ὄρ. αἰ . .), 607, 609.—D.]
[o Inter *Epitaphia in heroas Homericos*, quæ Aristotelis nomen præferunt:
Anth. Gr. ex rec. Br. (ed. Jacobs.) t. i. p. 113.— *Anth. Gr. ad fid. Cod. Pal. &c.*
t. ii. p. 751.—D.]

Ἀρχὸς ὅδ᾽ ἐκ Τεγέης Ἀγαπήνωρ, Ἀγκαίου υἱὸς,
Κεῖθ᾽ ὑπ᾽ ἐμοῦ, Ταφίων πελτοφόρων βασιλεύς.

Πρόθοος καὶ Μαγνίτωρ. Enimvero apud Malelam facilius
heroes nascuntur, quam fungi post pluviam. O fortunatam
Antiochiam tanto alumno ! Ineptus adeo Homerus, qui pro
isto Magnitore gregarios quosdam milites, vilissima capita, e
Magnesia duxit :

Μαγνήτων δ᾽ ἦρχε Πρόθοος, Τενθρηδόνος υἱός.[p]

Εὔμενος σὺν νηυσὶν ͞ια pro Εὔμηλος·

Τῶν ἦρχ᾽ Ἀδμήτοιο φίλος πάϊς ἔνδεκα νηῶν,
Εὔμηλος.[q]

Νηρεὺς ἐκ Μυκήνης pro Νιρεὺς ἐκ Σύμης·

Νιρεὺς δ᾽ αὖ Σύμηθεν ἄγε τρεῖς νῆας ἐΐσας.[r]

Χαλίας ἐκ Τρίκκης σὺν νηυσὶν ͞μ. Ecce tibi jam tertius
heros Chalias, qui a corrupto vocabulo Οἰχαλίας prodiit,
non aliter ac vermes in putrescenti cadavere nascuntur :

Οἳ δ᾽ εἶχον Τρίκκην, καὶ Ἰθώμην κλωμακόεσσαν,
Οἵ τ᾽ ἔχον Οἰχαλίην, πόλιν Εὐρύτου Οἰχαλιῆος,[s]

eos ducebant Podalirius et Machaon. Λεοντεὺς καὶ Πολυ-
πήτης· scribe Πολυποίτης. Ἀμφιγενείας ἐξ Ἰλίου σὺν νηυσὶν
͞μ͞ν.[t] Profecto si Troicis temporibus Malelas vixisset, non
decem annos totos Græci consumpsissent in unius urbis
obsidione : tot iis terræ filios misisset auxilio. Ἀμφιγενείας
et Πτελεοῦ oppidorum meminit Homerus :

Οἵ τε Πύλον τ᾽ ἐνέμοντο, καὶ Ἀρήνην ἐρατεινὴν,
. . . .
Καὶ Κυπαρισσήεντα, καὶ Ἀμφιγένειαν ἔναιον,
Καὶ Πτελεὸν, καὶ Ἕλος, καὶ Δώριον.[u]

[p] *Il.* ii. 756.—D.]   [q] *Il.* ii. 713.—D.]
[r] *Il.* ii. 671.—D.]   [s] *Il.* ii. 729.—D.]
[t] μγ΄. Mal.—D.]   [u] *Il.* ii. 591, 3, 4.—D.]

Ἀχιλλεὺς ἐκ τοῦ Ἄργους τῆς Ἑλλάδος, *ex Argis Helladis.*
Et Argos et Hellas Thessaliæ sunt urbes, ut pueri sciunt:
sed hic locus fatalis est ad Malelæ hallucinationes:

Νῦν δ᾽ αὐτοὺς (leg. αὖ τοὺς) ὅσσοι τὸ Πελασγικὸν Ἄργος
ἔναιον,
....
Οἵ τ᾽ εἶχον Φθίην, ἠδ᾽ Ἑλλάδα καλλιγύναικα,
....
Τῶν αὖ πεντήκοντα νεῶν ἦν ἀρχὸς Ἀχιλλεύς.[v]

Φιλοκτήτης ἐκ Μοθόνης vitiose pro Μηθώνης· et Σώρθης,
Φίλιππος, Ἄντιφος, σὺν νηυσὶν ὀη. Quis autem porro mira-
bitur e cerebello Jovis Minervam esse natam, cum Antiochensis hic ex insulso suo capite progeneret absque ope
Vulcani

Ductores Danaûm delectos, prima virorum ?[w]

Sorthem heroem nominat pro insula *Carpatho,* ut et Philippum pro Phidippo :

Οἳ δ᾽ ἄρα Νίσυρόν τ᾽ εἶχον, Κράπαθόν τε, Κάσον τε,
....
Τῶν δ᾽ αὖ Φείδιππός τε καὶ Ἄντιφος ἡγησάσθην.[x]

Notum est jam a multis sæculis morem invaluisse apud
Græcos, ut eodem sono efferrentur αι et ε, οι et υ. Tam
captiosa pronunciatio mendis infinitis libros opplevit: ut
Mal. p. 47 et 49 τῷ υἱῷ τοῦ Αἰχίονος, τῷ Πένθει, pro
Ἐχίονος· e diverso 49 et 55 ὅρος Κιθερώνιον pro Κιθαι-
ρώνειον· et 106 Ἀντέωνι pro Ἀνταίῳ· et alia non pauca extant
ex eo genere : sic 212 [211] et 171 Τοῦ Ὕακος, υἱοῦ τοῦ Ναυ-
πλίου, pro Οἴακος· et Σχυνέως 169 pro Σχοινέως. In codicibus manu notatis promiscuus fere est vocalium horum usus.[y]
Hoc diligenter animadverso, deploratissimos locos emen-

[v] *Il.* ii. 681, 3, 5.—D.]
[w] Lucret. i. 87., ubi .... " delecti."—D.]
[x] *Il.* ii. 676, 8.—D.]   [y] Confer nostrum in Addendis.—D.]

dabit nullo negotio, qui ingenium et judicium in numerato habuerit. Plutarchus *De Iside et Osiride :*[z] Ἐμπεδοκλῆς δὲ τὴν μὲν ἀγαθουργὸν ἀρχὴν φιλότητα καὶ φιλίαν, πολλάκις δὲ ἁρμονίαν καλεῖσθαι μέροπι· τὴν δὲ χείρονα, νεῖκος οὐλόμενον καὶ δῆριν αἱματόεσσαν. Frustra hîc Plutarchus per annos ducentos criticorum auxilium imploravit. Tu verte αι in ε̄, et lege ʽΑρμονίαν καλεῖ θεμερῶπιν. Possum excitare ipsum Empedoclem testem hujus correctionis, apud Plutarchum περὶ Εὐθυμίας·[a]

Ἔνθ᾽ ἦσαν Χθονίη τε, καὶ Ἡλιόπη ταναῶπις,
Δῆρις θ᾽ αἱματόεσσα, καὶ ʽΑρμονίη ἱμερῶπις,
Καλλιστώ τ᾽, Αἰσχρή τε, Θόωσά τε, Δειναιή τε,
Νημερτής τ᾽ ἐρόεσσα, μελάγκαρπός τ᾽ Ἀσάφεια.

Ubi libenter legerim Δηναιή τε, ut contraria inter se comparentur. Scio nunc quid in animo tute tecum volutes : sed illud tibi confirmare possum syllabam primam verbi ἱμερῶπις esse productam atque longam. Primus id reposuit Henricus Stephanus ex conjectura quantum ego ex re ipsa conjecturam facio. Veteres editiones repraesentant καὶ ἁρμονίη γε μερῶπις. Itaque hic quoque legendum est ʽΑρμονίη θεμερῶπις. Hesych. Θεμερῶπις,[b] ἐρασμία, ἀγχόνη. Lege ἐρασμία ἁρμονίη, auctoritate Empedoclis : nisi si mavis ἐρασμία αἰσχύνη ex Æschyli *Prometheo :* Ἐκ δ᾽ ἔπληξέ μου τὴν θεμερῶπιν αἰδῶ. Αἰδὼς est αἰσχύνη. Perperam huic lectioni Scholiastes et *Etymologici* auctor θερμερῶπιν vocem nihili anteponunt, tanquam θερμαίνουσαν τὴν ὦπα. Atqui eo pacto θερμῶπις esset dicendum : neque enim vel fando auditum est θέρμερος. Pollux tamen lib. vi. c. 40.[d] Τὸ δὲ θερμερύνεσθαι καὶ κιχλιδιᾶν κωμικά. MS[i] χλιδιᾶν vel κυχλοιδιᾶν· lege θεμερύνεσθαι καὶ χλιδᾶν, vel χλοιδᾶν, vel κυλοιδιᾶν. Hesychius : Θέμερον, σεμνὸν, ἀφ᾽ οὗ καὶ τὸ σεμνύνεσθαι, θεμερύνεσθαι.[e] Θεμέρη, βεβαία, σεμνὴ, εὐσταθής.

---

[z] *Mor.* t. ii. p. 356. ed. Wyttenb.—D.]
[a] *Mor.* t. ii. p. 634. ed. Wyttenb.—D.]
[d] p. 670. ed. Hemst.—D.]

[b] vulgo Θεμερόπις.—D.]
[e] vulgo θεμαρύνεσθαι.—D.]

Θεμερόφρονας, συνετοὺς, σώφρονας. Sed ut planissime constet, opus est ut strophen et antistrophen inter se conferamus : in quibus hi versus respondent ex adverso :

ʼΕκ δʼ ἔπληξέ μου τὰν θεμερῶπιν αἰδῶ.

Νεοχμοῖς δὲ νόμοις Ζεὺς ἀθέσμως κρατύνει.[f]

Ubi pro ἀθέσμως ex necessitate metri conjeci legendum esse ἀθετῶς. Quam conjecturam firmavit Hesychius. ʼΑθετῶς, ἀθέσμως, ἢ συγκατατεθειμένως. Αἰσχύλος Προμηθεῖ δεσμώτῃ· lege, οὐ συγκ. sine consensu et approbatione reliquorum deorum. Respexit ad hunc locum : neque enim alibi in ea fabula occurrit. Plane jam imperitus sit oportet, aut ab invidentia laboret, qui de θεμερῶπιν contra veniat. Experiamur, quid in alteram partem possit hæc observatio. Hesychius : ῞Εναστρος, * ὡστεμένας, ἀχαιὸς ἀλφεσίβοιαι ἀντὶ τοῦ ὑαστὰς γὰρ βάκχας ὑάδας ἔλεγον. Prodigiosa plane oratio. Nunc vicissim ε̄ muta in αι, et lege : ῞Εναστρος ὥστε Μαινάς· ʼΑχαιὸς ʼΑλφεσιβοίᾳ. ἀντὶ τοῦ ῾Τάς. τὰς γὰρ Βάκχας ῾Τάδας ἔλεγον. Agnoscis, opinor, principium senarii ex Achæi fabula Alphesibœa. Similiter οι passim loco ῡ Hesych. Κοίημα, γέννημα, pro Κύημα· et vice versa Στυχιοῦσι, διατυποῦσι, pro Στοιχειοῦσι. Idem : Στοιχείωσις, διατύπωσις, ἢ πρώτη μάθησις. Itaque Suidas in Lexico diphthongos αι et οι alieno loco proxime ante ε et ῡ collocavit. Extat in Bibliotheca publica Oxonii liber antiqua manu notatus, continens mille regulas de recta scribendi ratione : quarum xl. docent quando αι scribere oporteat, et quando ῡ : totidemque ubi οι, et ubi ῡ. Eum codicem, cum ante inter ἀδεσπότους ferretur, deprehendi ex procœmio versibus senariis scripto literis præ vetustate pene effugientibus obtutum oculorum, Theognoti esse grammatici, quem laudat aliquoties Etymologici scriptor. Et quidem omnia ibi reperi, quæ iste Theognoto accepta retulit. De ætate hominis rescisces ex præfatione, cujus initium est,

Τῷ δεσπότῃ μου, καὶ σοφῷ στεφηφόρῳ

[f vv. 135, 154. ed. Blomf.—D.]

Λέοντι, τῷ κρατοῦντι πάντων ἐν λόγοις,
Θεύγνωτος εὔγνωτός τις ὡς ὢν οἰκέτης.

Constitueram hic Epistolæ finem imponere : sed intervenit amicus meus,[e] aurium convitio rationem efflagitans, cur Joannes *Malelas* mihi dicatur, qui a Vossiorum utroque, Usserio, aliisque omnibus qui in hunc usque diem ejus mentionem fecerunt, *Malela* nominatur. Ego vero, inquam, ne in virorum quidem maximorum verba juraverim : sed in aliam sententiam, ubi commodum est, quanquam invitus, meo jure discedo. Roget igitur quispiam, cur *Malela* potius sit vocitandus ? hoc scilicet ab iis responsum feret : Apud Constantinum sic appellari, Ἰωάννου τοῦ ἐπίκλην Μαλέλα, et apud Damascenum, Ἰωάννου τοῦ καὶ Μαλάλα· nusquam alibi commemorari, præterquam apud Tzetzem Ἰωάννης τις Μελέλης. Atqui, si ita res se habet, vulgo et passim reperias τοῦ Σουΐδα, τοῦ Θωμᾶ, τοῦ Ἀριστέα, τοῦ Φιλητᾶ, τοῦ Τριόπα, τοῦ Σκόπα, τοῦ Κρατεύα· nec tamen propterea vel *Suida* Grammaticus dicitur, vel *Thoma* Apostolus, vel *Aristea de* LXXII. *interpretibus.* Ratio videlicet linguæ Græcæ vix aut nullo modo patiatur, ut in A literam virilia nomina casu recto terminentur. Atque ea causa est, cur peregrina virorum nomina, quæ in A exeunt, a Græcis inflectantur in Aς· Γάλβας, Σύλλας, Νουμᾶς, Σενέκας, Ἀγρίππας. Quod si adeo jam exploratum est, nominativum Græcum esse Μαλέλας· nolim ego Latine vertens postremam literam abjicere præter morem et consuetudinem eorum temporum, quibus maxime viguit honos et gratia Latini sermonis. Vetustiores quidem, ut auctor est Quintilianus l. i. c. 5.[f] *Non in A et S literas exire temere masculina Græca nomina recto casu patiebantur. Ideoque et apud Cælium legimus,* Pelia Cincinnatus ; *et apud Messalam,* Benefecit Euthia ; *et apud Ciceronem,* Hermagora : *ne miremur, quod ab antiquorum plerisque Ænea et* Anchisa *sit dictus.* Priscianus lib. v.[g] *Apud Græcos in* Aς *desinentia, . . . apud nos in A terminantur : ut* Μαρσύας,

---

[e] scil. Hodius, — quem *De autoris cognomine* disputantem videas.—D.]
[f] t. i. p. 129. ed. Spald., ubi " Ne in A quidem atque S," &c.—D.]
[g] p. 641. ed. Putsch.—D.]

Σωσίας, Βυῤῥίας, Χαιρέας, Τουρίας, Βαγράδας· Marsya, Sosia, Byrrhia, Chærea, Turia, Bagrada. Libro autem vi. pag. 681 et 701.[h] *plerumque* ait et *frequenter* hoc fieri solere.[i] Et his fortassis auctoribus tueri se posse arbitrentur, qui e contraria parte dicunt. Mihi vero longe videtur secus : sed oportet haud jejune de hac causa, et tanquam in transitu, sed plene copioseque disputare. Principio, nulla contro- versia est, quin indigena Latinorum sermo nullum habuerit nominativum in *As* cum genitivo ἰσοσυλλάβῳ. Quapropter antiquitus, sive Græcus quispiam in Latina civitate viveret, sive Græca scripta in Latinum converterentur, ejuscemodi nomina per A plerumque scribere et pronunciare placuit. Atque hoc quidem ex ingenio et consuetudine linguæ verna- culæ ab iis est factitatum. Comici igitur in Græcis inter- pretandis eam rationem tenuerunt ; *Chærea, Sosia, Byrrhia, Phania, Clinia, Demea, Phædria,* proferentes. Nimirum auribus vulgi ista dabantur. Nec tamen deerant etiam anti- qua illa memoria (pace Quintiliani dixerim), qui ad Græco- rum exemplum instituerent loqui : quantum ex eorum reli- quiis conjectura consequi possum. Apud Gellium lib. iii. c. 7. verba sunt Catonis Censoris, qui ea tempestate in rep. floruit, qua Plautus in scena : *Leonidas Lacedæmonius lauda- tur :* Plauto tamen in *Asinaria* servus dicitur *Leonida.* Clau- dius Quadrigarius apud Gellium l. iii. c. 8. *Ad nos venit Nicias familiaris tuus.* Lucilius apud Donatum :[j]

> *Ante fores autem et triclini limina quidam*
> *Perditu' Tiresia tussi grandævu' gemebat.*

Ubi legendum est *Tiresias :* nisi si syllabam natura brevem propter cæsuram produci existimas. Priscianus lib. vi.[k] *Hic Calchas Calchantis, quamvis hic Calchas hujus Calchæ, antiquissimi declinabant.* Sed in his locis fortasse fides exemplarium suspecta esse possit : in illo Plinii lib. xxxv. cap. 10.[l] nullus datur suspicioni locus. *Decet non sileri et*

[h] ed. Putsch.—D.]
[j] Ad Ter. *Eun.* ii. 3, 44.—D.]
[l] t. ii. p. 702. ed. Hard. 1723.—D.]
[i] Confer nostrum in Addendis.—D.]
[k] p. 702. ed. Putsch.—D.]

Ardeatis templi pictorem, præsertim civitate donatum ibi, et carmine, quod est in ipsa pictura his versibus :

  Dignis digna loca picturis condecoravit
  Reginæ Junoni' Supremi conjugi' templum
  Marcus Ludius Elotas Ætolia oriundus,
  Quem nunc et post semper ob artem hanc Ardea laudat.

Ea[1] *sunt scripta antiquis literis Latinis.* Elotas est Εἱλώτας, εἱλώτης. Gruterus[m] epigramma hoc profert, tanquam a Boissardo visum in hortis Julii III. Pontif. Romani ;

DIGNE DOCTILOQVEIS PICTVREIS,

et quæ sequuntur. Sine dubio falsarius aliquis in lapide inscribendum curaverat, a Plinio id mutuatus. Profecto male operam lusit in versu primo corrigendo. Editio Veneta anni MCCCCLXXXIII. habet *Dignis digna loco.* Lego igitur :

  Dignis dignu' loco picturis condecoravit.

Lucilius :[n]

  Samnis, spurcus homo, vita illa dignu' locoque.

Dignus loco est τῶν μέσων· et in bonam vel malam partem capi potest. Nihil verius hac emendatione. In eadem est editione *Ætolia orundus,* longe quidem melius, quam quod in indice Scaligeri est, *Ætola oriundus.* Lucretius lib. ii.[o]

   Denique cœlesti sumus omnes semine orundi.

Sive mavis cum vulgatis libris, *oriundi;* certe trisyllabon sit necesse est. Sic igitur vetustis illis mos erat, ut interdum quidem in AS, frequentius in A Græca nomina vellent exire. Postea vero, ut ait Quintilianus,[p] *recentiores instituerunt Græcis nominibus Græcas declinationes potius dare.* Proinde hoc institutum tenuerunt Lucretius,[q]

   Id quod Anaxagoras sibi sumit :

[1 vulgo " Eaque."—D.]   [m t. ii. p. 1065. ed. 1707.—D.]
[n Apud Non. Mar. (cap. iv.) in v. *spurcum.*—D.]
[o v. 990.—D.]   [p t. i. p. 130. ed. Spald.—D.]   [q i. 876.—D.]

Varro *De R. R.*, antiqui tamen ut qui maxime amator sermonis, *Archytas, Hegesias, Athenagoras, Mnaseas :* et apud
Nonium[p] in Scaturex, *Ismenias Thebogenes fluit scaturex ;*
lege *Thebagenes,* Θηβαγενής. Et similiter Cicero, apud quem
vulgo occurrunt *Archias, Gorgias, Phidias, Cineas, Prusias,
Arcesilas, Charmadas, Critias, Diagoras, Hippias, Lysias,*
et siqua similia. Nam de *Hermagora* Ciceronis, vereor ne
vitioso codice usus sit Quintilianus. Profecto enim omnes
omnino, qui nunc supersunt MSS. constanter habent *Hermagoras.* Sed melius est ex ipsis locis experimentum judicii
capere, libro primo *De Inventione ; Hujus constitutionis Hermagoras inventor esse existimatur :*[q] et ibidem ; *Quod si magnam in his Hermagoras habuisset facultatem.*[r] Repone hic
paulisper *Hermagora inventor,* et *Hermagora habuisset ;* non
sentis vocalium concursum vaste hiantem ? Ego vero Ciceronem ita scripsisse ne ipsi quidem Ciceroni affirmanti crediderim. Quid dicam de scriptoribus ævi Augustæi ? quid
de insequentium ætatum ? nempe eadem tum consuetudo
invaluit, ut in *As* caderent Græca nomina. Spero mihi
fidem apud te esse ; ne necesse habeam infinita hic exempla
enumerare. Quod tamen cum exceptione dictum velim ; ut,
quanquam eruditi homines eum, quem dixi, morem serva-
verunt, nomina tamen servorum, aut quicunque, ut principio
dixi, in Latina civitate vixere, vulgaris usus, penes quem jus
est loquendi, plerumque immutaverit ad Latinam consuetudinem. Inde est apud Ciceronem, *Phania* Appii libertus.
Frustra enim græcissaret dominus ; cum ab omnibus conser-
vis et notis sine *s* litera *Phania* is vocabatur. Sed a Plinio
memoratur *Phanias physicus :* nempe is in Græcia vitam
egerat, nullum habuerat Romæ dominum aut patronum.
Inde illud Horatii, *Credat Judæus Apella,*[s] id est, quivis
Judæus ; ut locum explanem parum hac memoria intel-
lectum. Judæi habitabant trans Tiberim, et multo maxi-
mam partem erant libertini, ut fatetur Philo in *Legatione
ad Caium.* Apella autem libertinorum est nomen, satis

[p cap. ii., ubi " Is. *hic* Th." &c.—D.]   [q cap. xi.—D.]
[r cap. vi.—D.]   [s *Serm.* i. 5. 100.—D.]

frequens in inscriptionibus vetustis. Cic. *Ep.* 25. lib. vii.
Ne Apellæ quidem liberto tuo dixeris. Itaque *Credat Judæus
Apella,* quasi tu dicas, Credat superstitiosus aliquis Judæus
Transtiberinus. Inde illud alterum, *Obeundus Marsya :*[t] quo
modo etiam loquuntur Ovidius, Silius, Lucanus. Marsya
scilicet in Foro collocatus et donatus quasi civitate Romana
non potuit non in ore vulgi quotidie versari; et præterea
eo nomine fuerunt servi Phryges. In veteri marmore,
M. HELVIVS M. L. MARSYA. Vulgi autem auctoritatem libenter hic secuti sunt poetæ; cum secundum Græ-
cam pronunciationem *Marsyas* in hexametro non staret.
Sic *Cassius Chærea* tribunus plebis, notissimus ob Caii
Cæsaris cædem: alter apud Plinium statuarius, qui nunquam credo Italiam viderat; et apud Varronem tertius
Atheniensis, qui de Re Rustica scripsit, *Chæreas.* Ita Persius (priusquam Cornutus stoicus versum immutaverat metu
Neronis), *Auriculas asini Mida rex habet;*[u] et ad id exem-
plum Justinus: nullam aliam ob causam, præterquam quod
id nomen frequenter mancipiis est inditum, præsertim ex
Phrygia emptis. Terentius *Phormione:*[v] *Puer ad me occurrit
Mida.* Vetus lapis apud Sponium p. 289. MIDA CVBI-
CVLARIVS. Nequeo tamen conjectura augurari, cur qui
Nepoti *Perdiccas,* Curtio et Justino et quibusdam aliis *Per-
dicca* nominetur. Siquidem apud utrumque cætera omnia
Græco more proferuntur, *Amyntas, Bagoas, Philotas, Ophel-
las, Iollas, Gobryas, Alcetas* frater Perdiccæ. Nullos memini
Perdiccas inter Italorum servos aut libertos: neque quic-
quam aliud causæ invenire possum. Nam cognomenta libertinorum (ea ipsis nomina fuerunt, priusquam manu mitte-
rentur), si Græce in *Aς* caderent, Latinam terminationem
plerumque ceperunt. Non tamen usquequaque increbuisse
eam consuetudinem ex antiquis inscriptionibus animadverti.
Nam ecce tibi hæc nomina ex Grutero, Reinesio, Sponio.
Ἀχιλλας. *M. Cornelius Achillas.* *L. Pontius Achilas.*[w] ¶ Ἀ-

[t] *Serm.* i. 6. 120.—D.]   [u] *Sat.* i. 121.—D.]
[v] V. 6. 22., ubi " *accurrit.*"—D.]
[w] Ed. Cant. *Epist. ad Mill.* " Achillas:" sed vide Grut. *Inscr.* p. 851. ed.
1707.—D.]

λεξᾶς, ὑποκοριστικὸν ab Ἀλέξανδρος. *Q. Hortensius Q. L. Alexa. Suavettius Alexa.* ¶ Ἀνδρέας. *C. Quinctius Andrea.* ¶ Ἀπελλᾶς (Ἀπολλᾶς apud Athenæum) ab Ἀπολλόδωρος. *T. Claudius Apella.* ¶ Ἁρποκρᾶς ab Ἁρποκράτης vel Ἁρποκρατίων. *M. Lollius Arphocras.*[x] *C. Herennius Harpocra.* ¶ Ἀρτεμᾶς ab Ἀρτεμίδωρος. *C. Cæcilius Artemas. Cecilius Dexter et Artimas fratres. Æ. Fl. Artema. L. Laberius Artemas.* ¶ Ἀθηναγόρας. *Vireius Athenagoras.* ¶ Κλεόπας in *N. Test.*, vel fortasse Κλεοπᾶς, a Κλεόπατρος vel Κλεόφιλος. *Ti. Cleuphas.* ¶ Κλεινίας vel Κλινίας. *Juli. Clinias. Q. Pomp. Clinias.* ¶ Κτησίας. *M. Aur. Ctesias.* ¶ Sic *Dama* apud Persium, si Græcum est, a Δαμᾶς vel Δημᾶς, quod est diminutivum a Δημήτριος. *Mettius Damas.* ¶ Ἐπαφρᾶς ab Ἐπαφρόδιτος. *G. Avillius Epaphra. M. Cornelius Epaphra. C. Curtius Epaphra. C. Julius Epaphra. P. Nonius Epaphra. C. Pricilius Epaphra. S. Propertius Epaphra. C. Veiacus C. L. Epaphra.* Et e diverso, *Epaphras* postremum præstitit officium. ¶ Γλαυκίας. *Glaucias Lib.* ¶ Γοργίας. *Gorgias Lib. L. Abuccius Gorgia.* Spon. 288. ¶ Ἡρᾶς ab Ἡρόδωρος. *L. Abuccius Hera. M. Petronius Heras. P. Sulpicius Hera. P. Valerius Hera.* ¶ Ἡρακλᾶς ab Ἡρακλεόδωρος Clem. *Stromat.* v. *L. Æmilius Heracla. C. Annius Heracla. C. Camelius Heracla. L. Clodius Heracla. L. Cornificius Heracla. Q. Cornelius Heracla. L. Creperius Heracla. L. Licinius Heracla. F. Longinus Heracla. C. Stiminius Heracla. Q. Petinius Q. L. Heraclas.* ¶ Ἑρμᾶς ab Ἑρμόδωρος. *Herma accommodator. L. Æmilius Hermas. P. Annius Herma. C. Cassius Herma. Cornelius Hernia* (vitiose pro *Herma*). *M. Junius Hernia* (lege *Herma*). *Q. Lollius Herma. M. Mag. Herma. Octavius Herma. C. Quinctius Herma. P. Statius Herma. P. Turannius Herma. Q. Vibius Herma. M. Ulpius Aug. Lib. Herma.* ¶ Ἑρμαγόρας. *L. Mæcius L. F. Hermagoras.* ¶ Ἑρμείας. *Aurelius Hermias Aug. Lib. T. Didius Hermias. M. Helvius Hermias. C. Julius Hermia. Sex. Pompeius Sex. Hermia.* Spon. 221. lege *Sex. L. Her.* ¶ Λεοντᾶς

---

[x] Ed. Cant. *Epist. ad Mill.* " Arpocras," et mox " Cleophas:" sed vide Grut. *Inscr.* p. 801, et p. 649. ed. 1707.—D.]

fortasse ὑποκοριστικὸν a Λεόντιος. *L. Arcius Leontas. C.*
Julius Leontas. M. Herennius M. L. Leonta. ¶ Λεωνᾶς.
Artemidorus, p. 249. Λεωνᾶς ὁ Σύρος ὁ παλαιστής. *Fabius*
Leonas. C. Oppius C. L. Leonas. ¶ Μηνᾶς a Μηνόδωρος.
D. Lallius Mena. ¶ Μητρᾶς a Μητρόδωρος. *C. Fyrmius*
Metras. ¶ Νικίας. *M. Annius Nicia. Cluvius A. L. Nicia.*
A. Plautius Nicia. ¶ Νικήτας. *Aur. Niceta.* ¶ Ὀνησᾶς
ab Ὀνησίφορος. *Q. Virius Onesas.* ¶ Παπίας. *C. Marcius*
C. F. Papia. Munatius Papa (an depravatum loco *Papia*, an
a Πάπας). *M. Plutius M. L. Papia. C. Purellius Papia.*
L. Valerius Papia. ¶ Φιλώτας. *A. Annius Philotas.* ¶ Φιλᾶς
a Φιλόδημος. *M. Hirrius Phila.* ¶ Φιλέας. *L. Magius Phi-*
leas. ¶ Φανίας. *Phania* apud Terentium et Ciceronem.
Fl. Phaneas. M. Tillius M. L. Phanias. ¶ Θευδᾶς vel
Θεοδᾶς a Θεόδωρος. *A. Fæsonius Thuda. Q. Veionius Teuda.*
¶ Θεωνᾶς Alexandriæ Episcopus, *Theonas* apud S. Hieron.
Livius Theona Aug. L., et *Livius Theona ab Epistulis Græc.*
¶ Ζάβδας Hierosol. Episcopus, *Zabdas* S. Hieron. et *Zabdæ,*
in monumento L. Valerii *Saufeius Sabda.* ¶ Ζηνᾶς a
Ζηνόδωρος. *L. Calpurnius Zena.* Enimvero jam percontari
eos velim, qui sine S litera *Malela* pronunciant, quo auctore
didicerint Joannem hunc Antiochensem captivum in Italiam
abductum servitutem ibi serviisse ; tandem autem, postea
quam libertatem receperat, ad historiam scribendam se con-
tulisse ? Sin autem ; cur obsecro, cum Evandri matre et
cascis illis allium obolentibus, aut cum fæce Romuli loqui
malunt ; quam cum Cicerone, et bonis auctoribus Latini-
tatis ? Mihi quidem non longa deliberatio est, utros imitari
velim. Sed hæc nimium fortasse studiose atque anxie : nisi
quod omnino respondendum fuit iis, a quibus sum provo-
catus. Siquidem Gerardus Vossius, qui nescio an ab interprete Damasceni in errorem ipse inductus sit, certe aliis
exemplo suo et auctoritate viam ad errationem munivit, non
certo judicio, sed inconsiderate præterque morem videtur
egisse. Quippe qui nunquam alias abjecerit S : ne tum
quidem cum auctores haberet, quos etsi perverse, saltem
aliquatenus imitaretur. Apud quem *Chæreas* vocatur histo-

ricus et *Clinias, Marsyas* Macedonicarum rerum scriptor et
Delphicarum *Apellas :* nec tamen *Chærea* et *Clinia* in comœdia, neque Horatii *Marsya* et *Apella* tenacissimam ejus
memoriam fugere potuerunt.

Tantum quod hæc scripseram, Milli jucundissime, cum
ecce mihi nova res atque improvisa nunciatur, quæ de sententiæ me meæ statu propemodum dejecit. *Enimvero, quod
in superiore causa probanda tantopere desudarem, nihil fuisse ;
meque in ea disceptatione prorsus* ἄσκοπα τετοξευκέναι.ʸ
Nam apud Constantinum et Damascenum τοῦ Μαλέλα *posse
nomen indeclinabile esse : neque abhorrere ab usu Græcorum,
ut nomina barbara sine variatione casuum proferantur,* τοῦ
᾽Αμμοῦν, τὸν ᾽Ανοὺβ, τῷ ᾽Ασκοὺμ, τοῦ Βλὰχ, τοῦ ῎Αψκαλ,
&c. *sexcenta dari masculina in* A, *ut* ὁ Σισύρα, ὁ Σάλα, ὁ
Φουὰ, ὁ Σιβὰ *in Vet. Test.,* ὁ Ζαρὰ, ὁ ᾽Αβία *in Novo : Syrorum nationem* (*Syrum autem esse hunc Malelam*) *amare nomina in* A *literam exeuntia, Maruta, Barsoma, et pleraque
omnia : sic et Arabas quoque Abdalla, Mashalla, Taphala,
et siqua sunt alia : occurrere denique apud Cantacuzenum*
᾽Ιωάννης Περάλτα, *et apud Theophanem* ᾽Ιωάννης ὁ ἐπίκλην
῾Ημοῦλα, *Joannes cognomento Hemula, secundum Victorem
Tununensem.* Ego vero, quanquam fortasse præstabilius
esset, ut ex amicorum consilio supersederem labore respon-
dendi, libera esse judicia sinerem : constitui tamen devorare
eam molestiam ; et eo quidem animo, nullum ut certamen
instituam, neque enim temperato calamo res agetur ; sed ut
semel defungar, nec tacendo committam, ut odiosæ mihi de
lana caprina lites succrescant in posterum. Dico itaque
neque esse illud, de quo viri docti asseverant, neque posse.
Nam ecce tibi Joannes Tzetzes, qui cum ἰωνικωτέρως πως
protulerit Μελέλης, certe secundum me judicasse videatur.
Crebro enim eæ syllabæ permutantur inter se, Λεωνίδας
Λεωνίδης, ῾Ερμᾶς ῾Ερμῆς, ᾽Απελλᾶς ᾽Απελλῆς, Μαλέλας
Μαλέλης. Eodem accedit, quod in syllaba secunda statuitur
accentus, τοῦ Μαλέλα tanquam ab ὁ Μαλέλας, non Μάλελα
neque Μαλελὰ, ut plerumque assolet in vocabulis peregrinis.

[ʸ Lucian. *Toxar.—Opp.* t. ii. p. 566. ed. Hemst.—D.]

Verum illud in primis est admiratione dignum, quod ut de
Græco nomine cognitio habeatur, ἐπ᾽ ἀλλοθρόους ἀνθρώπους
et ad barbaras nationes provocant. Siquidem ex Hunnorum
gente sunt Ἀσκοὺμ et Βλὰχ, de quibus vide ipsum Malelam
p. 159 et 170. Verum age, quandoquidem sic agi placet,
cedo quos volent arbitros. Stabimus etiam Hunnorum judicio:
neque homines plebeii, sed reges et regibus proximi pronun-
ciabunt. Verba sunt Malelæ p. 59. Καὶ ἤνεγκεν [αὐτὸν] ἅμα
αὐτῷ κατὰ Ἀττιλᾶ. Maxime regum, bona tua venia libenter
rogaverim, quî Græce vocaris casu recto. Cur autem occu-
pato molesti sumus? Respondebit pro eo Malelas ibidem:
Ὡσαύτως δὲ καὶ Ἀττιλᾶς ἐτελεύτησε. Sic omnes uno ore.
Apud Priscum Thracem in Collectaneis Constantini Porphy-
rogeniti: corrigendus obiter Suidas, qui Πρίσκος ait Πανίτης
... ἔγραψεν ἱστορίαν Βυζαντικὴν καὶ κατὰ Ἄτταλον· lege
haud cunctanter, Βυζαντιακὴν καὶ κατὰ Ἀττήλαν vel Ἀττήλα·
apud Priscum, inquam, aliquoties legas Ἀττήλας καὶ Βλήδας.
Is Attilæ frater erat, a Jornande Bleta dictus, a Prospero
depravate Bleba, a Theophane Βδέλας· Ἀττιλᾶς, inquit,[z]
Ὀμνουδίου παῖς ... ἀποβαλὼν Βδέλαν τὸν πρεσβύτερον ἀδελ-
φόν. Verbum illud dividuum facito, et scribe ὁ Μνουδίου
παῖς, vel fortasse Μουνδζίου. Jornandes enim Mundzuccum
nominat, et Sigebertus Mundzuch, perperam vero Nice-
phorus Callistus Νουμίδιον. Quid Attilæ patruus, Ῥούα ne
declinabile an Ῥούας? De hoc statuet idem ille Priscus,
cujus verba sunt,[a] Ῥούα βασιλεύοντος τῶν Οὔννων et παρὰ
τὸν Ῥούαν ἀφικνεῖσθαι. Ita Βάλας dux Hunnorum apud
Procopium, Vandalorum Ἀμμάτας, Gotthorum Γρίππας et
Βέσσας, et Μόρρας et Μαρκίας, et Ἀλβίλας et Οὐσδρίλας.
Eant nunc et ab Hunnis malum sibi mendicent. Apud
Malelam reperio p. 210. Τζίττα στρατηλάτου Ῥωμαίων· et
202. κατὰ Σουνίκα καὶ Σίμμα· et 111. μετὰ τοῦ ἡνιόχου
Καλλιόπα· et 165. μετὰ τοῦ φυλάρχου Ἀρέθα· plane ut
apud Constantinum est τοῦ ἐπίκλην Μαλέλα. Placetne
jam, ut Joannem ipsum nobis arbitrum capiamus? æqua,
opinor, et honesta postulatio est. Sententiam vero is suam

[z p. 88. ed. 1655.—D.]   [a *Excerp. De Legat.* p. 47. ed. 1648.—D.]

ostendit p. 204. ὅστις Τζίττας· 203. Σουνίκας δὲ καὶ Σίμμας·
110. Καλλιόπας τις ἡνίοχος· 166. Ἀρέθας τις ὁ φύλαρχος
καὶ Γνούφας. Et adhuc dubitent, si possunt, utrumne qui
hæc scripserit, ullo modo est ut ὁ Μαλέλα vocatus fuerit.
Jam Σισάρα et Φουὰ quam inviti et recusantes in argumentum ducuntur! Recte quidem factum a LXXII. viris,
quod cum vetusta illa et Ogygia nomina literis Græcis man-
darent, ad syllabam de sermone barbaro expresserunt. Nam
qui annis ante permultis excesserant e vita, nulla, credo, iis
futura erat consuetudo cum Græcis. Quod si alii juniores,
quibus eadem quæ veteribus illis nomina, usum et commercium cum Græcis habuerunt, sine dubio eorum nomina
declinata sunt ad normam Græci sermonis. Sic *Paralip.* I.
cap. 8. est quidam Ἀνανία, et cap. 12. Βερχία, vel, ut in
MSᵒ Regio est, Βαραχία. Eadem occurrunt nomina in
Test. Novo; (Syrus enim interpres et hic et illic ܚܢܢܝܐ,
ܒܪܟܐ, *Hhananio, Brachio;*) cum Græca tamen termina-
tione, Ἀνανίας, Βαραχίας. Similiter antiqui illi Ἰακὼβ,
Ἰωσὴφ, Σαοὺλ perpetuo nominantur: juniores vero, qui
cum Græcis rem habuerunt, Ἰάκωβος, Ἰώσηπος, Σαῦλος.
Quo exemplo etiam Σισάρας et Σάλας et Φούας essent dicti;
si Antiochiæ vixissent vel in alia quavis civitate Græca, et
memoriam rerum gestarum literis consignassent. Neque
vero inficior Syrorum atque Arabum nomina frequenter in
A litera terminari : servatam esse a Græcis eam terminationem pernego. *Abdalla, Masalla, Taphala.* Ita quidem Ara-
bes. Quomodo autem Græci? Theophanes p. 294. Μου-
αμὲδ ὁ τοῦ Ἀβδελᾶ. Perii equidem, in A hoc exit, et contra
me facit. Sed nolo eos in lætitiam frustra conjicere. Illud
enim perincommode intervenit ibidem ὁ Ἀβδελᾶς υἱὸς, et
apud Zonaram Μασάλμας ὁ τῶν Ἀράβων ἀρχηγὸς, apud
Malelam Ταφαρᾶς ὁ φύλαρχος. Eadem mihi de Syriacis
nominibus sententia est. Porphyrius apud Eusebium Scaligeri :[b] Πτολεμαῖος δὲ ἀγανακτήσας, ὅτι τῷ Πηλουσίῳ προ-
σέβαλεν ὁ Δημήτριος, ἄτε τῶν κατ᾽ Αἴγυπτον πραγμάτων
ἐχόμενος, πέμπει βασιλέα τῆς Ἀσίας Ἀλέξανδρον, ὡς υἱὸν

[b] p. 227. ed. 1606., ubi .... ἀγοραστὸς εἶναι νενομίσθαι τοῦ Πτολ.—D.]

'Αλεξάνδρου, ὃς διὰ τὸ ὡς ἀγοραστὸς εἶναι τοῦ Πτολεμαίου
Ζαβινᾶς ἐπεκλήθη πρὸς τῶν Σύρων· et Josephus : 'Αλέξαν-
δρον τὸν Ζεβινᾶν ἐπιλεγόμενον. Et eodem nomine Antio-
chensis Episcopus Ζεβῖνος Nicephoro, Ζέβεννος Zebennus
Eusebio et Hieronymo vocatur. Atqui ἀγοραστὸς emptus
Syriace est ܙܒܝܢܐ Zbino vel Zbina. Ita Græce dixeris,
'Ιωάννης ὁ 'Αντιοχεὺς, ὃς διὰ τὸ φιλολόγος εἶναι Μαλέλας
ἐπεκλήθη πρὸς τῶν Σύρων, vel, ut propius Syrorum pronunciationem subsequitur Damascenus ipse Syrus, Μαλάλας.
Nam ܡܠܠܐ Malolo vel Malala est orator, eloquens, loquax.
Non difficile est conjectura assequi, utram ob causam cognomento illo auctus fuerit Joannes, Λαλεῖν ἄριστος, ἀδυνατώτα-
τος λέγειν.[c] Ipse Porphyrius a popularibus suis Syris ܡܠܟܐ
Malcho sive Malcha vocabatur: Græce vero non Μάλχα,
sed Μάλχος. Ita ܟܐܦܐ Cipha saxum Κηφᾶς, ܬܐܘܡܐ Thoma
gemellus Θωμᾶς, et siqua sunt alia. Mal. p. 41. 'Αντίοχον
τὸν ἐπίκλην Χούζωνα. Mirum ni ex illorum sententia cog-
nomentum Antiochi fuit Chuzona casu recto, ut Malela:
cum ambo sint Antiochenses. Quid ergo sibi volunt ista
p. 65. 'Αντίοχον τὸν Χούζωνα, τὸν ἔγγονον 'Αντιόχου τοῦ
Χούζωνος? Quod si usquequaque Syriaca nomina imitari
et exprimere debemus, cur, obsecro, 'Ιωάννης dicitur, non
'Ιωανὰν Μαλάλα? nam Syris est ܝܘܚܢܢ Juhhanon, ut LXXII.
viris 'Ιωανάν. Sed ecce tibi Cantacuzenus, qui p. 874 [718].
Λατίνων τις, ait, 'Ιωάννης Περάλτα προσαγορευόμενος. Scias
autem in quantas angustias adducti sunt, cum homines χθὲς
καὶ πρώην γεγονότας sæculo demum XIV. post Christum
natum inveterata jam barbaria, causæ suæ patronos adoptant.
Rem sane lepidam et jocosam. Joannes hic Antiochensis
bene Græce Μαλέλα dici potest, quia Italo cuidam nomen
erat Giovanni Peralta. Sic enim Cantacuzenus p. 174 [874].
Μάλιστα δὲ Ντζιουὰν Περάλτα ὁ τούτων ἡγεμών. Græcus
iste est sermo hodiernus: ita giostra τζοῦστρα, gingiva
τζιντζίβα, jecur ντζηγάριον. Vah! quam velim progredi-
antur longius, atque una opera probent Ντζιουὰν Μαλέλα
dicendum esse: facinus pol magnum et memorabile fecerint.

[c Eupolis apud Plutarch. in *Alcib.—Opp.* t. ii. p. 21. ed. Reisk.—D.]

Illud vero durum, quod apud Theophanem est Ἰωάννης ὁ
ἐπίκλην Ἡμοῦλα. Nec a Victore solum vocatur Hemula,
sed Anastasio etiam, qui Theophanem in Latinum convertit:
a Liberato Diacono Joannes Mela; nisi fortasse depravati
sunt codices. Ex Græcis vero scriptoribus solus Theophanes
et semel duntaxat cognominis ejus mentionem facit: cæteris
simpliciter Joannes vocatur, Nicephoro Patriarcha, Nicephoro Callisto; sicut et Leontio Byzantio, Chronicoque
Orientali. Quo magis adducor, ut vitiosum esse illud verbum existimem; et istum apicem, qui in libris MSS. terminationem ας signare solet, ab indiligenti librario mutatum
esse vel prætermissum. Præsertim cum cuncta id genus
nomina præter hoc unum ab ipso Theophane per ας scribi
videam; Ἀρέθας, Ἀττίλας, Μασάλμας, Ἀβουλάβας, Κουτ-
ζίνας, aliaque quamplurima. Itaque hoc in loco, ut mea fert
opinio, facta est Theophani injuria. Nec, quod Anastasius
et Victor Hemula Latine nuncupant, non Hemulas; magis
id quenquam movere debet, quam quod Attila a Latinis
dicitur, qui Græcis est Ἀττίλας. Nam peregrina ejuscemodi nomina Græci Latinique neutri ab alteris, sed ab ipsis
barbaris utrique acceperunt. Toto igitur cœlo erravit Priscianus, cum Turia et Bagrada (Africæ sunt ista flumina)
declinari putat a Τουρίας et Βαγράδας. A Græcis quidem
Ἰόβας, Μικίψας, et Βάρκας sunt dicti, qui a Latinis Juba,
Micipsa, Barca. Nec tamen hæc quæ proxime nominavi,
de Græcia petita sunt; sed ex Africa recto itinere deportata
sunt in Italiam. Quid enim, cum illi Ἀμίλκας, Ἀννίβας
proferunt, hi Hamilcar et Hannibal; non signi hoc satis est,
unde utraque sunt accersita? Nempe hi masculina nomina
Africana in A libenter retinebant; Græcorum aures tanquam
absona et inconcinna repudiabant. Sed ut concedam illud
Ἡμοῦλα a Theophane profectum esse: non ego monachum
aliquem adversus omnium auctoritatem magistrum dicendi
capere velim; sed illum ipsum ad nationis suæ exemplum,
addo etiam suum, componere. Vir multiplici doctrinæ copia
præditus Eustathius Thessalonicensis Episc. accurate dis-
putans de Homericis illis ἱππήλατα Πηλεὺς et Ἑρμείας

ἀκάκητα, &c., non Σισάρα et Σάλα, non Ἡμοῦλα ad partes
vocat; nam *Giovanni Peralta* qui potuit, priusquam is nasceretur? quod contra ex omni memoria duo duntaxat
memorat masculina Græca in A, eaque minime a se lecta,
sed Eudæmonis fide Pelusiotæ; ejus, opinor, cujus librum
De Orthographia Stephanus Byzantius et Suidas et *Etymologici* scriptor citant: horum unum Illyricum esse nomen, ex
epigrammate quodam,[d] Πατὴρ δ᾽ ἔμ᾽ ἔφυσε Κόπαινα, ἤτοι
Κοπαίνης· Syracusanum alterum ex Sophrone, ὁ Μύριλλα·
Democopum videlicet architectum, cum theatrum exædifi-
casset Syracusis, populo viritim unguentum distribuisse, et
ex ea re cognomento vocatum esse Myrillam: nempe ἀπὸ
τοῦ μύρου Μύριλλαν. Ego vero Eudæmonem illum jubeo
κρόμμυ᾽ ἐσθίειν, ut hominem infortunio mactem: siquidem
religio erat Pelusiotis cepas gustare. Nam profecto de Syra-
cusiorum dialecto cras credo, hodie nihil. Theocritus Syra-
cusanus, qui idiomate vernaculo perpetuo est usus (Μοῦσαν
δ᾽ ὀθνείην οὔποτ᾽ ἐφειλκυσάμην),[e] annon Σ literam ubique
servat, Δαμοίτας, Μενάλκας, Ἀμύντας, Διοκλείδας? Non
Apollo Δαφνίτας Syracusis colebatur? Non *Hicetas* Syracusius philosophus a Cicerone laudatur in *Academicis?* non
eorum sermone γαφάγας *lumbricus* apud *Etymologicon?* non
dissimulo apud Hesychium scriptum esse Γαφάτα, σκώληξ·
sed vero duplici errore. Nam excidit Σ litera, ut usu
venire solet, cum proxime subsequatur altera: *T* autem
facillime mutatur in Γ, ut alibi Στένυτρον, εὐρυπωδέστε-
ρον, συριγγῶδες· pro Στενυγρὸν, εὐριπῶδες, στενὸν, συριγ-
γῶδες. Ne ipse quidem Sophron aliter locutus est. Athenæus lib. vii.[f] Καὶ παρὰ Σώφρονι ὁ θυννοθήρας· et καρχαρίας aliquanto inferius p. 306.[g] Σώφρων, θυννοθηραῖα δὲ
γαστὴρ καρχαρίας ὁ κάτινος δῆσθε. Priora verba, quæ
Casaubono molestiam creabant, sic lege: Σώφρων Θυννο-

[d] Eustath. ad *Odyss.* p. 1457. ed. Rom.—D.]
[e] *Epig.* xxii.—D.]   [f] c. lxvi. t. iii. p. 108. ed. Schw.—D.]
[g] c. lxxvi. t. iii. p. 121. ed. Schw., ubi Σωφ., Θυννοθήρᾳ· Ἀ δὲ γαστ. ὑμέων
καρχ. ὄκα τινὸς δῆσθε.—De hoc loco vide Schw. *Animadv. in Ath.* t. iv. p. 278.
et t. viii. p. 450.; Porson. *Advers.* p. 98.; Blomfield. in *Mus. Crit.* t. ii. p. 344.—D.]

θήραι· ʿΑ δὲ γαστὴρ — id est, Θυννοθήρᾳ. Nimirum iste
liber Θυννοθήρας inscriptus est. *Etymol.* in ῟Ηϊα. ῟Ως φησι
Σώφρων ἐν Θυννοθήρᾳ. Male alibi ἐν Θυννοθήραις. Quod
si verum est illud de Democopo, vulgi joco cognomen suum
adeptus esse videatur : quia fortassis ea tempestate Syracusis
scorto cuipiam non ignobili nomen fuerit Myrilla. Nam
mulieris id quidem nomen esse proprium certiores nos facit
poeta nescio quis inter Lyricos H. Stephani. Στρατόκλεις
φίλος Κυθήρης, Στρατόκλεις φίλος Μυρίλλης, ᾿Ιδε τὴν
φίλην γυναῖκα, Κομάει, τέθηλε, λάμπει. ῾Ρόδον ἀνθέων
ἀνάσσει, ῾Ρόδον ἐν κόραις Μυρίλλα.[h] Quod ad Κόπαινα
attinet, etsi non facile fidem habeam, viderit de eo verbo
epigrammatis auctor, qui fortasse, cum barbarum Illyrium
βαρβαρίζοντα induxerit, bene moratum carmen fecisse videatur. Quod siquis Illyriorum exemplo ᾿Ιωάννης ὁ Μαλέλα
proferre velit; id quidem perinde est, tanquam si ὁ Κάτο
dicens et ὁ Κίκερο, se egregie loqui Græce contendat; quia
apud Aristophanem Caris[i] cantilena est, Θρεττανελὸ τὸν
Κύκλωπα·[j] et Scythæ istius Attica elegantia :

῾Ως ἐλαπρὸς, ὥσπερ ψύλλο κατὰ τὸ κώδιο·

et

῾Ω γρᾴδι᾽, ὡς καριεντό σοι τὸ τυγάτριο,
Κοὐ δύσκολ᾽, ἀλλὰ πρᾶο· πού τὸ γρᾴδιο ;[k]

Sed nimium diu, mi Milli, in litigiosa hac disputatione
te demoratus sum. Dabis autem veniam necessitati; nam
postea, per me licet, alii ut volent loquentur, non equidem
invideo, neque intercedo. Imo enimvero invitissimus hæc
scripsi,

῾Ως οὐχ ὑπάρχων, ἀλλὰ τιμωρούμενος.[l]

<hr/>

[h] Anacr. *Od.* lxii. p. 229. ed. Fisch., ubi in v. 2. ἄνερ pro φίλος.—D.]

[i] scil. Carionis.—Καὶ τὸ Καρίων ἐξελληνιζόμενον τὸν δοῦλον δηλοῖ· Κᾶρες
γὰρ οἱ δοῦλοι. *Pluti Argum.*—D.]

[j] *Plut.* 290. ed. Bekk.—D.]

[k] *Thesm.* 1180. et 1210, 1211. ed. Bekk.—D.]

[l] Apud Suidam (in ῾Ως οὐχ ὑπ.) Chæremonis, apud Zenobium (vi. 51)
Menandri, apud Athenæum (lib. xiii. t. v. p. 219. ed. Schw., ubi Ταδ᾽ οὐχ ὑπ.)
Aristarchi tragici hic versus esse perhibetur.—D.]

ADDENDA.

Ecce iterum Crispinus. Cum enim adhuc supersit chartæ
aliquantulum, ut narrat typographus; nimirum ei parcere
stulta, ut ait ille, foret clementia. Percurram igitur Epistolam totam, adnotaturus identidem, siqua vel retractari
diligentius vel corrigi debeant.

Principio, bene quidem factum quod (pag. 246) de etymologia τοῦ 'Ηρικεπαίου supersedi inquirere. Quamvis enim
'Ηρι in Græcorum verborum compositione non infrequens
sit, 'Ηριπόλη, ἠριγένεια, ἠριγέρων, ἠριθαλές, nihilo tamen
minus peregrinam esse vocem mihi videor certo comperisse.
Siquidem κεπ syllaba, quod jure mireris, plane aliena est
atque absona a consuetudine cum Græci tum Latini sermonis. Σκεπ quidem in σκέπω, περισκεπὴς, σκέπαρνον,
&c., κεπ autem nusquam occurrit, quod sciam, præterquam
in Κέπφος. Eam ego vocem, cum solitaria sit atque unica,
vix dubito, quin olim pronunciaverint *Keffos*, non *Kepfos :*
prout hodie Σαπφὼ *Saffo* dicimus, non *Sapfo.* Apud Latinos autem κεπ syllabam brevem frustra quæsiveris. *Con-*
ceptio, perceptio, et similia, κηπ habent productam a *per-*
cépi, concépi. Anceps, auceps, princeps, κεψ in scriptura
exhibent, non κεπ : neque vero casibus obliquis faciunt
aucepis aut *princepis.*

Ep. p. 255. Ut egomet vineta mea cædam, falso credidi
tres istas Sophoclis fabulas ex una tetralogia fuisse, continua-
tione serieque historiæ in eam opinionem adductus. 'Αλλ'
οὐ πεσών γ' ἐκείμην.[a] Culpa enim postridie deprehensa
etiam amoveri facile potuit, si per typothetam licuisset.
'Αλλὰ τὸ μὲν προτετύχθαι ἐάσομεν, ἀχνύμενοί περ.[b] Certum est eas tragœdias longo interjecto intervallo fuisse editas.
Antigonen ita placuisse ferunt, ut ea gratia prætura Sophocli

---

[a 'Αλλ' οὐδ' ἐγὼ μέντοι πεσών γε κείσομαι. Aristoph. *Nub.* 127. ed. Bekk.
—D.]

[b Hom. *Il.* xviii. 112., ubi 'Αλλὰ τὰ μὲν, κ. τ. λ.—D.]

decerneretur in bello adversus Samios. Ergo acta esse videtur anno III. Olymp. LXXXIV. ætatis Soph. LVI.[b] secundum Marmor Arundel. *Œdipus* vero *Tyrannus* secundas tantum obtinuit, et victus est a Philocle : quin et *Œdipum Coloneum*, quem extrema senectute fecit omnium novissimam, editionis tempore antecessit. Argumentum *Œd. Tyr.* Εἰσὶ δὲ καὶ οἱ Πρότερον αὐτὸν, οὐ Τύραννον, ἐπιγράφοντες, διὰ τοὺς χρόνους τῶν διδασκαλιῶν, καὶ διὰ τὰ πράγματα. Ita scribendus est iste locus, quem minus intellexit magnus Camerarius. Sunt qui hanc fabulam *Œdipum Priorem* inscribunt, non *Œd. Tyrannum;* quia prior erat cum tempore actionis, tum serie rerum gestarum. Ea hujus loci sententia est.

Ep. p. 258. vers. 8. Auget vehementer suspicionem nostram ipse Clemens in *Protreptico;* qui posteaquam versus eos tanquam Sophocleos protulit, Οὑτοσὶ μὲν, ait,[c] ἤδη καὶ παρακεκινδυνευμένος ἐπὶ τῆς σκηνῆς τὴν ἀλήθειαν τοῖς θεαταῖς παρεισήγαγεν. Ergo et Clementis judicio in capitis venisset discrimen, quicunque eos olim in scenam detulisset. Ii alibi citantur hoc exemplo :[d]

Θνητοὶ δὲ πουλυκερδείᾳ πλανώμενοι
Ἱδρυσάμεσθα πημάτων παραψυχὴν,
Θεῶν ἀγάλματ᾽ ἐκ λίθων τε καὶ ξύλων
Ἢ χρυσοτεύκτων ἢ ᾽λεφαντίνων τύπους.

Quamobrem, quia nullus jam locus est censuræ nostræ in πολλὸν et χαλκέων, alia afferam argumenta oportet, cur subdititii sint. Multis sane nominibus non placet illud πουλυκερδείᾳ. Nam quid, obsecro, facit πουλὺ in tragœdiæ diverbio? est enim ex dialecto Ionica. Neque vero δεια spondæus in sede quarta ferri potest contra morem consue-

---

[[b] Vide Clintonum, *Fasti Hellen. from the* LV. *to the* CXXIV. *Olymp.* p. 57. sec. ed.—D.]

[[c] p. 63. ed. Pott., ubi .... παρακεκινδυνευμένως.—D.]

[[d] A Justino M., *Ad Græc. Cohort.* p. 14. ed. 1593., nisi quod pro πουλυκερδείᾳ ibi est πολλοὶ καρδίᾳ. Vide. etiam Justinum, *De Mon.* p. 81., ed. 1593; Clementem, *Cohort. ad Gent.* p. 63. et *Strom.* p. 717. ed. Pott.; Theodoretum, *Græc. Aff. Cur.* p. 109. ed. 1692; Eusebium, *Præp. Evang.* p. 398., ed. 1544; Cyrillum *Contra Julian.* p. 32. ed. 1696.—D.]

tudinemque tragicorum. Theocritus: Καὶ φιλοκερδείῃ βε-
βλαμμένον ἄνδρα παρελθεῖν.[e] Neque porro πουλυκερδεία
de *avaritia* possis accipere cum interprete Clementis: verum
ea sententia nimium quidem inepta atque inficeta, quasi si
prudentia sive *astutia* homines in errorem inciderint. Πολυ-
κέρδεια enim est πολυΐδρεια· ut Ulysses Homericus:

> Οὐκ ἔα εἰπέμεναι, πολυϊδρείῃσι νόοιο.[f]

> Ἀλλ' ὁ μὲν ἦν ἄλοχον πολυκερδείῃσιν ἄνωγε.[g]

Sed et alia fertur scriptura nihilo melior: Θνητοὶ δὲ πολλοὶ
καρδίᾳ πλανώμενοι. Mihi quidem, salvo aliorum judicio,
nos multi mortales, parum ornate dici videtur pro elegantia
Ἀττικῆς μελίττης. Sed utcunque de ea re visum fuerit
eruditis: rogatos eos velim, qui luculenter Græce sciunt,
utrum καρδίᾳ πλανώμενοι domesticus sit sincerusque sermo
Græcus, an potius peregrinus et πονηροῦ κόμματος? Nimirum suo se indicio prodidit Judæus iste sorex. Neque enim
Hellenismus est, verum Hebraismus purus putus ex S. S.
tralatus atque expressus. *Psalm.* xciv. (et *Epist. ad Hebræos*) :
Ἀεὶ πλανῶνται τῇ καρδίᾳ· καὶ αὐτοὶ οὐκ ἔγνωσαν τὰς ὁδούς
μου. *Esaias* xxi.: Ἡ καρδία μου πλανᾶται. Imo enimvero
negamus ista, Ἡ χρυσοτεύκτων ἢ Ἐλεφαντίνων τύπους, ab
homine Græco nedum a Sophocle proficisci posse. Τύπος
hoc in loco est ipsa statua, αὐτὸ τὸ ἄγαλμα, οὐκ εἶδος τοῦ
ἀγάλματος, ut apud Isocratem in fine *Evagoræ*: Τοὺς μὲν
τύπους ἀναγκαῖον παρὰ τούτοις εἶναι παρ' οἷς ἂν σταθῶσι.[h]
Dicerent vero Græci Ἡ χρυσοτεύκτους ἢ Ἐλεφαντίνους τύπους Θεῶν, non χρυσοτεύκτων· velut εἰκόνας dicunt χαλκᾶς
Ὀλυμπιονικῶν, non χαλκῶν. Artemidorus:[i] Χάλκεαι γὰρ
εἰκόνες τῶν ἐλευθέρων ἀνατίθενται. Ita passim et vulgo,
ut quidem testimoniis uti putidissimum foret. Neque vero
aliter Latini. Lucretius: *Si non aurea sunt juvenum simula-*
cra per ædes, non *aureorum.*[j] Plinius xxxiv. 7.: *Lignea*

[e] *Idyl.* xvi. 63.—D.]
[f] *Od.* xxiii. 77.—D.]   [g] *Od.* xxiv. 166., ubi Αὐτὰρ ὁ ἦν ἄλοχ.—D.]
[h] *Or. Att.* t. ii. p. 275. ed. Bekk., ubi . . . . εἶναι μόνοις παρ'.—D.]
[i] *Oneiroc.* lib. i. c. 50. p. 73. ed. Reiff., ubi Χάλκεοι, κ. τ. λ.—D.]
[j] ii. 24.—D.]

potius aut fictilia deorum simulacra. Juvenalis: *Effigies sacri nitet aurea cercopitheci.*[k] Horatius: *Quid referam, quo pacto in imagine cerea Largior arserit ignis.*[l] Itaque τύπους ἐλεφαντίνων θεῶν nihil minus est quam Græca oratio: ea tamen utitur Sibylla lib. iii. ξυλίνων θεῶν εἴδωλα dicens pro ξύλινα·

Οἵτινες οὐκ ἀπάτῃσι κεναῖς, οὐδ᾽ ἔργ᾽ ἀνθρώπων,
Χρύσεα καὶ χάλκεια, καὶ ἀργύρου ἠδ᾽ ἐλέφαντος,[m]
Καὶ ξυλίνων λιθίνων τε θεῶν εἴδωλα καμόντων,
Πήλινα, μιλτόχριστα, ζωγραφίας τυποειδεῖς,
Τιμῶσιν,[n] ὅσα κέν τε βροτοὶ κενεόφρονι βουλῇ.

Eadem habet *Protrepticus* Clementis. Quis porro inficiabitur in eodem doctos esse ludo subjectorem hunc Oraculorum, et commentitium illum Hecatæum? Quod si vicero de versibus falso Sophocli attributis, etiam illud evidentissime constabit, quod olim Philo Herennius et patrum memoria Jos. Scaliger suspicati sunt: nempe librum illum *De Judæis*, qui sub Hecatæi nomine ferebatur, a Judæo quodam Hellenista fuisse confictum: velut Aristeam illum pari facinore, quem supposititium esse convincunt post eundem Scaligerum alii bene multi, in quibus omnium doctissime et copiosissime Humfredus Hodius,[o] cui multum olim debebit Historia Ecclesiastica.

Ep. p. 284. Εὐηρότατον.) Suidas in *Lexico*: Εὐηρότατον, τὸ καλὴν ἔχον γῆν, τὸ κάλλιστον τῆς γῆς. Εὐήροτον, τὸ καλῶς ἠροτριωμένον. Vides eum utrumque vocabulum agnoscere, εὐηρότατον quidem comparativum, absolutum vero εὐήροτον. Quid igitur fiet? An supplex ad Hesychium adeam, pacem ejus oratum et peccati veniam? Imo enim satis ostendunt

[k] xv. 4.—D.]   [l] *Serm.* i. viii. 40. sqq., ubi
"Singula quid *memorem?* quo pacto alterna, &c.

. . . . *et imagine,*" &c.   D.]
[m] In hoc versu Clementem (*Cohort. ad Gent.* p. 60. ed. Pott.) secutus est Bentleius. Vulgo . . . . καὶ ἀργύρε᾽ ἠδ᾽ ἐλέφαντα: vide *Sibyll. Orac.* p. 264. ed. Obsop.—D.]
[n] Sic Clemens. Vulgo Τιμῶντες.—D.]
[o] In *Dissert. contra Historiam Aristeæ de* LXX. *Interpretibus,* 1684.—D.]

ea verba et mendi vetustatem, et emendationis meæ præstantiam. Quippe, nisi ego plane desipio, sic in comparatione dicendum esset, Εὐήροτον, εὐηροτώτερον, εὐηροτώτατον. Quod si reponere velis Εὐηροτώτατον apud Suidam, jam ea vox inverso ordine post Εὐήροτον collocanda esset. Ergo quocunque te vertas, hallucinatio Suidæ est, qui sine dubio sua male confinxit ex Hesychianis, vel ex illis unde sua transtulit Hesychius.

Ibidem. Ἄντινι, ἀντιδιενέγμεθα.) Liquido possis dejerare, Hesychium scripsisse ἄντινι, id enim series literarum efflagitat; et illud ἀντιδι ex correctore natum esse, qui κακῷ κακὸν ἰάσατο. Scriptura a prima manu fuit in hunc modum: Ἀντιηνέγμεθα, ἠναντιώμεθα. Hesychius autem, qui, ut videtur, non leviter tum lippiebat, sic legit et scripsit: Ἀντινινέγμεθα· νι et η paulum oppido inter se differunt, et facillima sane erratio est. Nihil hac conjectura probabilius dici potest. Ἀντιηνέγμεθα ab ἀντιφέρομαι, ἠναντιώμεθα. Ipse Hesych.: Ἀντιφέρεται, ἐναντιοῦται, et Ἀντιφέρεσθαι ... ἐναντιοῦσθαι· et Suidas: Ἀντιφέρονται, ἐναντιοῦνται. Sed Ἀντιδιαφέρομαι nusquam lego.

Ep. p. 301. v. 10. Πέπλους τε νῆσαι λινοπλυνεῖς τ᾽ ἐπενδύτας.) vox ea bifariam accipi potest. Aut νῆσαι erit ὑφάναι· quemadmodum πέπλοι εὔνητοι ab Homero vocantur, Ἔνθ᾽ ἐνὶ πέπλοι Λεπτοὶ εὔνητοι βεβλήατο, ἔργα γυναικῶν·[p] qui a Sophocle εὐϋφεῖς vocantur in Trachiniis :[q] Ὅπως φέρεις μοι τόνδε γ᾽ εὐϋφῆ πέπλον. Aut erit νῆσαι, σωρεῦσαι, accumulare vestem, in arcis reponere, ut mos erat antiquorum. Homerus:

Ὣς φάτ᾽· ὁ δ᾽ ὑψόροφον θάλαμον κατεβήσατο πατρὸς
Εὐρὺν, ὅθι νητὸς χρυσὸς καὶ χαλκὸς ἔκειτο,
Ἐσθής τ᾽ ἐν χηλοῖσιν, ἅλις τ᾽ εὐῶδες ἔλαιον.[r]

Et alibi:

————Ἑλένη δὲ παρίστατο φωριαμοῖσιν,
Ἔνθ᾽ ἔσαν οἱ πέπλοι παμποίκιλοι, οὓς κάμεν αὐτή.[s]

[p] *Od.* vii. 96.—D.]   [q] v. 603. ed. Erf., ubi φέρῃς.—D.]
[r] *Od.* ii. 337., ubi Ὣς φάν.—D.   [s] *Od.* xv. 104.—D.]

Possis etiam, et magis quidem apposite ad nomen tragœdiæ
Πλυντρίας, νίψαι reponere, *Lavato*, &c.

Πέπλους τε νίψαι λινοπλυνεῖς τ᾽ ἐπενδύτας.

Epist. p. 320. v. 5. adde: Idem Hesychius: Κυδρὸς,
ἔνδοξος, καὶ τὰ ὅμοια, γαυριῶν, πεποιθῶν * εὐρύτιδις συγ-
κοπὸν δὲ τοῦ κύδρος Καλλίστρατος πεποιθώς. Nunquam
quidquam vidi inquinatius: lege γαυριῶν, πεποιθὼς, Ἴων
Εὐρυτίδαις. συγκοπῇ δὲ τοῦ ρ̅ κῦδος. Καλλίστρατος· verbum enim novissimum πεποιθὼς est emendatio τοῦ πεποιθῶν.
Vide Ep. pag. 284, 285, 291. Et Callistratus quidem κῦδος a
κυδρὸς deducit συγκοπῇ τοῦ ρ· alii vicissim κυδρὸς a κῦδος
derivant ἐπενθέσει τοῦ ρ. *Etym. Magn.* Κῦδος, κυδότερος,
κυδότατος, ... πλεονασμῷ δὲ τοῦ ρ̅ γίνεται κυδρός.

Ep. p. 343. v. 3. adde: Martianus Capella lib. iii. cap.
De Analogia :[t] " *Æneas, Pythagoras, Lycas* faciunt *Æneæ,
Pythagoræ, Lycæ.* Quando nostra ratione nomina, quæ
genitivo in E exeunt, nominativo A finiuntur; ut *Catilinæ
Catilina.* Sed hæc Græca sunt, ideo in nominativo S literam retinent. Quædam tamen perdunt S literam in nominativo, ut *Nicæa, Medæa.* Ergo in his nominativis consuetudo
servanda est." Ubi legendum est *Nicia* et *Demea.* Vide Ep.
pag. 348.

Ep. p. 339. v. 26. Sed nusquam alibi tam frequens earum
vocalium inter se permutatio est, quam in 2 Codd. MSS.
longe antiquissimis; ALEXANDRINO uno in Bibliotheca Regia,
qui integra exhibet *Biblia* et *Epistolas S. Clementis ad Corin-
thios;* Cantabrigiensi autem altero, mutilo quidem et decur-
tato; quippe qui *Acta* duntaxat habeat et *Evangelistas;*
verum idem e regione ostentat interpretationem veterem
Latinam ad verbum de Græco expressam, dignissimam sane
quæ ex oblivione atque tenebris tandem aliquando in lucem
edatur. Servantur etiam Oxonii *Acta Apostolorum*, vetustate quidem pari, sed versione multum diversa; et in Gallia
denique *Epistolæ S. Pauli*, qui codex et antiquitate et Latina

[t p. 77. ed. Grot., ubi " Tertia [species], ut Æneas, Pythagoras, Lycas: *nam
facit Æneæ*," &c.—D.]

versione atque adeo scripturæ et voluminis forma Cantabrigiensi nostro simillimus est et germanissimus. Atque
hæc quidem talia exemplaria, cum aliis omnibus ubivis gentium, quod sciamus, longe longeque et dignitate et tempore
antecedant, neque quidquam hodie supersit simile aut secundum, cum tineis (pro dolor!) atque muribus luctantur, et utut
iis incendia pepercerint, ipso senio intra annos paucos non
dubie peritura sunt. Tu vero, Milli doctissime, qui omnium
mortalium maxime in eo studio versatus es, non patieris
hanc laudem tibi præripi; sed maturabis veneranda illa
pignora et monumenta vetustatis a situ et interitu vindicare.
Scimus enim te horum omnium editionem instituere, quæ
una pagina et in uno conspectu Codicem Alex., qui familiam
ducet, et Cantabrigiensem cum versione sua, atque ubi hic
deficit, Oxoniensem deinceps atque Gallicum repræsentet:
quæ singulas literas atque apices exemplarium, etiam ubi
a librariis peccatum est, accurate et religiose subsequatur.
Nihil illi purpuræ assuetur discolor aut diversum; nullæ
interpunctiones, nullæ notæ accentuum, quorum omnis hodie
ratio præpostera est atque perversa: adeo ut qui tuam editionem sibi comparaverit, ipsa illa propemodum archetypa
versare manibus atque oculis usurpare videatur. Ea res
olim, ut certum est augurium, et Britanniæ nostræ splendori
erit, et Ecclesiæ præsidio: tuos vero utique labores amplis-
simis præmiis atque immortali gloria compensabit. Macte
ista pietate et diligentia esto. In te omnes ora atque oculos
convertimus, te unum in hoc curriculum vocamus: ipsi
codices celerem tuam opem implorant et flagitant: quid
cessas· per medias laudes et faventium plausus secundo
rumore ingredi? Tu vero, ut polliceri de te possum, facies
id sedulo; simulatque exibit *Novum* tuum *Testamentum,* jam
fere ad umbilicum usque perductum:ᵘ quo in opere, nisi
vererer coram in os te laudare, dicerem quam longo intervallo aliorum omnium in eo genere labores post te reliqueris.
Ea typorum elegantia est et magnificentia; ea in anno-

[ᵘ Prodiit demum Oxonii, anno 1707.—D.]

tationibus eruditio elucet, in variis lectionibus industria :
quippe etenim ad eam copiam comparandam omnia S.
Patrum scripta, omnes antiquas versiones, et infinitam vim
Codd. MSS. curiose excussisti. Enimvero mihi stomachum
subinde movent imperiti quidam homines et nullo usu bona-
rum literarum praediti, qui omnem operam, quae in variis
lectionibus colligendis impenditur, aut inutilem esse existi-
mant, aut Ecclesiae periculosam. Eorum ego sermones,
quanquam indigni sunt quorum ulla ratio habeatur, uno in
praesentia exemplo retundam : quo perspicuum erit minuta
quaedam et prima utique specie levissima posse magnas diffi-
cultates expedire. Locus est cap. iv. in *Ep. ad Galatas*, qui
ab ineunte fere Christianismo usque ad hanc memoriam
doctissimos viros exercuit. 22. Γέγραπται γὰρ, ὅτι Ἀβραὰμ
δύο υἱοὺς ἔσχεν· ἕνα ἐκ τῆς παιδίσκης, καὶ ἕνα ἐκ τῆς ἐλευθέρας. 23. Ἀλλ' ὁ μὲν ἐκ τῆς παιδίσκης, κατὰ σάρκα
γεγέννηται· ὁ δὲ ἐκ τῆς ἐλευθέρας, διὰ τῆς ἐπαγγελίας.
24. Ἅτινά ἐστιν ἀλληγορούμενα· αὗται γάρ εἰσιν αἱ δύο
διαθῆκαι· μία μὲν ἀπὸ ὄρους Σινᾶ, εἰς δουλείαν γεννῶσα,
ἥτις ἐστὶν Ἄγαρ. 25. Τὸ γὰρ Ἄγαρ Σινᾶ ὄρος ἐστὶν ἐν
τῇ Ἀραβίᾳ, συστοιχεῖ δὲ τῇ νῦν Ἱερουσαλήμ, δουλεύει δὲ
μετὰ τῶν τέκνων αὐτῆς. 26. Ἡ δὲ ἄνω Ἱερουσαλήμ, ἐλευ-
θέρα ἐστὶν, ἥτις ἐστὶ μήτηρ πάντων ἡμῶν. Memini equidem,
Milli, me non ita pridem a te rogatum, ut de perdifficili hoc
loco judicium meum interponerem, vehementer approbasse
sententiam tuam, quam in illa tua editione posuisti : neque
enim eundem montem et Agarem vocatum esse et Sinam,
neque vero ullum usquam gentium eo nomine notatum esse,
neque porro Agarem servam (si de serva malit quispiam,
quam de monte accipere) in eadem allegoria et monti respon-
dere posse, et legi quae ex monte promulgata est : atque his
de causis in diversa consilia itum esse ab antiquis, quorum
alii Σινᾶ, sed plures Τὸ γὰρ Ἄγαρ, e libris sustulerunt : quae
autem nostra et patrum memoria viri magni commentati
sunt, tantum abesse ut locum faciant explicatiorem, ut novis
etiam obscuritatibus involvant. Qua quidem occasione, ne
omnino ἀσύμβολος essem, conjecturam, ut scis, extempo-

ralem in medium attuli, quæ etiam tum visa est ad veritatem proxime accedere. Scilicet e regione verbi Σινᾶ adnotasse olim quempiam enarrationis causa, Σινᾶ ὄρος ἐστὶν ἐν τῇ 'Αραβίᾳ, *Sina iste, quem memorat Apostolus, mons Arabiæ est;* ea autem verba non multo post, ut sæpe usu venit, de libri margine in orationem ipsam irrepsisse: nam Apostoli quidem ea non esse, sed παρεμβεβλημένα, ex ipso statim vultu et colore totiusque adeo corporis filo cognosci posse: et proinde me paratum esse ὀβελίζειν hunc locum, nisi quid tibi secus videretur. Cum autem tibi valde placere conjecturam meam præ te ferres: atqui, inquam, ut vera ista sit sive opinio sive adeo suspicio nostra, necesse est illud δὲ quod vocem συστοιχεῖ proxime subsequitur, pro supervacaneo auferatur. Dictum ac factum editionem tuam inspicimus, ibique quatuor ad minimum MSS. libros comperimus conjunctionem istam non agnoscere: quod sane non de nihilo est, neque ulla commode ratio reddi potest cur abfuerit; si verba, de quibus hæc quæstio est, nunquam non in codicibus extitissent. Tanta res tam tenui[v] indicio patefacta satis refellit voculas imperitorum aut malevolorum hominum, qui diligentiam istam minutas scripturæ varietates sectantem, tanquam obscuram et sollicitam et nimiam in vituperationem adducunt. Quis enim dubitet quin melior multo et apertior fiat sententia, si auctoritate manuscriptorum expungatur δέ· tum autem Σινᾶ ὄρος ἐστὶν ἐν τῇ 'Αραβίᾳ de medio discedant; et totus deinde locus sic legatur: ῞Ατινά ἐστιν ἀλληγορούμενα· αὗται γάρ εἰσιν αἱ δύο διαθῆκαι· μία μὲν ἀπὸ ὄρους Σινᾶ, εἰς δουλείαν γεννῶσα, ἥτις ἐστὶν ῞Αγαρ. Τὸ δὲ ῞Αγαρ συστοιχεῖ τῇ νῦν 'Ιερουσαλήμ, δουλεύει γὰρ μετὰ τῶν τέκνων αὐτῆς· hoc est, *Agar autem respondet Hierosolymis, serviunt enim cum progenie sua.* Γὰρ et δὲ locum inter se permutare jussi fide MS. Alexandrini, et aliorum: quinetiam dedita opera *Hierosolyma* dixi non *Ierusalem;* ut ex ipsa dictione foret perspicuum, quorsum illud δουλεύει pertineret. Ipsa enim flagitat sententia ut δου-

---

[v Ed. Oxon. *Epist. ad Mill.* " pertenui."—D.]

λεύει referatur ad Ἰερουσαλήμ. Quod cum ita sit; cur, amabo, Apostolus tali usus est constructione verborum, qua δουλεύει cum Ἄγαρ necessario convenire videatur? aut quamobrem τὸ Ἄγαρ genere neutro posuit; quasi vero Ἄγαρ materialiter ac pro voce, non pro ancilla, hic usurpetur? Hactenus opinor prospere mihi conjectura processit, ut mons iste Arabiæ omnibus machinis loco movendus esse videatur: sed male vero me habent hi scrupuli, neque aliud habeo quod dicam aut conjectem; præterquam ex quo tempore verba ista de margine in orationis textum adscita sunt, sicuti mox conjunctionem δὲ quosdam homines intrusisse, ita alia nonnulla mutavisse leviter et ad commentitiam eam sententiam accommodasse. Nam profecto facile animum induco, ut credam hoc modo scripsisse S. Paulum: *Τῇ δὲ Ἄγαρ συστοιχεῖ ἡ νῦν Ἱερουσαλήμ, δουλεύει γὰρ μετὰ τέκνων αὐτῆς. Ἡ δὲ ἄνω*, &c. *Agari autem respondet Ierusalem, servit enim cum liberis suis. Quæ vero supra est Ierusalem, libera est, quæ mater est omnium nostrum:* postea vero adulterina ista sese insinuasse hoc exemplo, Τῇ δὲ Ἄγαρ Σινᾶ ὄρος ἐστὶν ἐν τῇ Ἀραβίᾳ συστοιχεῖ ἡ νῦν Ἱερουσαλήμ. Cum autem hæc oratio, ut cernis, in manifestum solœcismum cadat, simile sane vero est, ne dicam necessarium, verba ista τῇ et ἡ sic brevi a scribis immutatum iri, quemadmodum hodie vulgo feruntur. Quis enim non incuset *imperitiam notariorum librariorumque incuriam*, ut S. Hieronymi[w] verbis utar, *qui scribunt, non quod inveniunt, sed quod intelligunt; et dum alienos errores emendare nituntur, ostendunt suos?* Vale.

[[w] *Epist. ad Lucinium,—Opp.* t. iv. p. ii. p. 578. ed. 1693—1706.—D.]

INDEX

RERUM MEMORABILIUM, ET SCRIPTORUM

QUI IN

EPISTOLA RICHARDI BENTLEII

EMENDANTUR.